ヘボン伝——和英辞典・聖書翻訳・西洋医学の父

岡部一興著

有隣堂発行　有隣新書——88

横浜居留地39番「ヘボン博士邸記念碑」(横浜市中区山下町)

まえがき

ヘボンの正式名は、ジェームス・カーティス・ヘップバーン（James Curtis Hepburn）である。ヘップバーンの発音が日本人にはヘボンと聞こえたのである。ヘボンの著作『和英語林集成』には、自ら「平文」と書いているのでヘボンという名称で呼ぶことにしたい。ヘボンと言えば、ローマ字の創始者として知られる。しかし、どのような人物であるかについては案外知られていない。ヘボンは宣教医として来日、宣教師の中では名前が知られている。それはなぜか。彼は施療といって、無料で何万もの人たちの診療にあたり、たくさんの日本人の命を救ったことが多くの市民から親しまれる所以であろう。私はヘボンと出会って六〇年ほどになる。ヘボンを知れば知るほど優れた人物であると思う。本書の目的は、ヘボンを讃美するのではなく、ヘボンが日本にもたらしたものは何であったかを客観的に叙述することにある。

ヘボンは、一八五九（安政六）年に来日し、一八九二年に帰米するまでの三三年間横浜に住み、横浜を愛した宣教医であった。一八七二年九月、第一回の宣教師会議がヘボン邸で開かれた。この会議において共同訳聖書の翻訳・讃美歌の編纂、教派によらざる神学校の設立、無教派主義による教会形成の三点が確認され、画期的なものとなった。ヘボンは、旧新約聖書の翻訳において貴重な貢献をした。標準的で平易な日本語で多くの教派の人たちと共同訳聖書の翻訳をするにあたり、『和英語林集成』という辞書を編纂し、それを基本に翻訳に従事した。

ヘボン自身が書いた原資料をみると、アメリカの本部に書き送ったミッション・レポートがある。それに関しては、故高谷道男氏が『ヘボン書簡集』（岩波書店）と『ヘボンの手紙』（有隣新書）を出版した。ミッション・レポートは、二二五通あり、一九五九年の来日一〇〇周年を記念して、そのうち一二一通の書簡を選んで『ヘボン書簡集』に収めている。その後、未だ訳されていない書簡を翻訳し、さらにヘボン夫妻と交流のあった牧師や友人に宛てて書いた二〇通を追加し、高谷氏の訳した『ヘボン書簡集』と合本にして、ヘボン来日一五〇年を記念して『ヘボン在日書簡全集』（教文館）を編纂した。なぜ『ヘボン在日書簡集』という形で、全書簡を出版したかというと、ヘボンの実像をより鮮明にするためにすべての書簡を明らかにする必要があると考えたからであった。ある人物を考察する場合、存在する歴史的資料を全て駆使して再創造を図る必要があると考える。このヘボン伝は、在日三三年が中心になるので、『ヘボン在日書簡全集』は貴重な資料になった。また、『ヘボンの手紙』は、ヘボンの弟スレーター・ヘップバーンに宛てて送った八四通の手紙のうち五八通を選んだものである。その期間は、一八四七年から八七年の四〇年間である。

一八五八（安政五）年、日米修好通商条約が締結された。これを受けて、アメリカの聖公会、長老派教会、オランダ改革派教会の三ミッション本部が宣教師を派遣することを決めた。この情報を聞いたヘボンは、北米長老派教会の外国伝道協会に宣教医派遣の申請書を提出した。翌年の一月一二日、ミッション本部がヘボン夫妻の申出を承認した。こうして、ヘボン夫妻が来日することになった。当時の神奈川は、東海道の宿場町で人口五〇〇〇人ほどで、横浜は一〇〇軒ほどしかない半農半漁の小村であった。ところが、一八五九年、幕府が横浜に居留地を設置するとの布告を出すと、居留地に移住する者が増え、横浜の人口が急増した。かくて埋立が行われて、現在の横浜公園がある所から山手にかけて居留地となり、手前が日本人町となった。その後、人口は一八六七年頃（慶応年間）までには二万人、六九年には二万八〇〇〇人、七二（明治五）年には六万四〇〇〇人へと増加した。

彼は信仰告白をして以来、六年の間方向が定まらず自己中心的な生活をしていたが、プリンストン大学を卒業する頃には、神の栄光を顕すことをめざすことになった。アメリカには医者が多くいたので、医者のいない国に行くのが良いと考え、神を知らぬ国へ行くのが神の召しであるという信仰的視点に立った。一八四一年、妻のクララとシンガポールに向かい、その後厦門《アモイ》で施療にあたった。しかし、夫妻ともマラリア熱に冒され、シンガポールで生まれた長男も死亡、一八四五年一月、ニューヨークに戻った。ニューヨークで一三年間医業に従事、名声と富を得た。その一方で、三人の子供を次々に亡くし悲しみに包まれたが、東洋への伝道の夢は捨てることはなかった。前述したように、日米修好通商条約の締結を聞くや否や、日本への宣教医派遣の申請をし、来日することになったのである。

本書は、これまでのヘボン研究を総合的に捉えて、皆さんに新たなヘボンを提供するのを目的に取り組んだものである。一次資料は勿論のこと、新たな資料を盛り込みながらヘボンを追いかけた。開国から開港、開教の流れの中で、ヘボンが日本にもたらしたものは何か。ヘボンの足跡を追う中で明らかにしていきたいと考える。ヘボンは、宣教医として何万人という日本人を診療し、命を助けたこともあって、多くの人々と出会った。横浜居留地に住む人々とのつながり、またヘボン夫妻に世話になった人たちとの交わりがあり、多くの人々に影響を与えた。そのようなことを考えた時に、学術的にヘボンを調べて執筆するのは勿論であるが、どなたにも届くような分かりやすく、手軽に読める人間性に溢れたヘボンを描く必要があると考えるようになり、ここに新たなヘボンの評伝を著したいと思った次第である。

【目　次】

第一章　来日前のヘボン

ボスエル城（筆者撮影）

1．ヘボンのルーツと人となり

◆ヘボンのルーツ

ヘボンの家系はスコッチ・アイリッシュである。北アイルランドのアルスター地方からアメリカへ移住した人たちのことをいう。スコットランドに居住していた人たちが迫害を逃れてアイルランド北部アルスター地方に移住、その多くはカルヴァン派を継ぐ長老派でプレスビテリアンといった。ヘボンの祖先は、スコットランドのエディンバラから東一二マイル位行った所の周辺で、ハティングトン州アベミールからダンバーの地域に住んでいた。一三世紀に建てられたボスエル城は今もその名残を留め、在りし日の繁栄を窺わせてくれる。以前現地に赴き調査した。ボスエル城はグラスゴウ・セントラル駅から列車で約二〇分のウディングトンという片田舎町にある。ヘボンの曾祖父サムエルは、このボスエル城で生まれたといわれ、遠い祖先パトリック・ヘップバーンはボスエル城主であった。

"*Bothwell Castle*"によると、数奇の運命を辿ったスコットランドのメアリー女王の三番目の夫ボスエル伯は、四代目のボスエル城主でヘボンの遠い祖先ジェームス・ヘップバーンであった。そこから遡ること三代、即ち第一代城主がパトリック・ヘップバーンである。ここから数えて七代目、ヘボンの曾祖父がサムエル・ヘップバーンである。

一五四一年、ヘンリー八世がアイルランドの国王を兼務すると、イングランドの国教であるアングリカン・チャーチをアイルランドに強制し、国教とする勅令を出した。スコットランド長老派教会の人たちも弾圧され、北アイルランドに逃げアメリカ新大陸に移住する者を多く出した。続いてエリザベス女王時代になると、アルスター地方では武装反乱が続発した。エリザベスはカトリックの布教を禁止、と同時にイングランドから大量の新教徒を北アイルランドに移住させた。この時強制的に移住させられた者の多くがスコットランドの長老派であった。

一七四〇年、イギリス議会において審査法が通過、全てのプレスビテリアンを公職から排除、この法律は全アイルランドにも及んだ。アイルランドでは、一七四〇年には飢饉で四〇万人の死者を出し、一七五七年、六五年、七〇年と飢饉が続き悲惨な状態となった。一七一七年から一七七六年までの間だけで約二五万人がアメリカ大陸に移住したのであった。このような中にあって、ヘボン家も同様な歩みをした。ヘボンの遠縁にあたるバートン・ヘップバーンの伝記によると、一六六八年メリーランド州にヘップバーン家の一族が移住、一七七三年五月、ペンシルヴェニア州サスケハナ渓谷の一部落にも移住した。

ヘボンの曾祖父サムエル・ヘップバーンは、同じような信仰を持つジャネットと結婚し、一七一六年、迫害を避けてスコットランドからアイルランドのベルファストに逃れた。しか

ペンシルヴェニア州周辺

し、そこでの生活は安定せず、イギリスの圧制と国教会の信仰を強制され、また不況と飢饉が重なり曾祖父はアメリカ大陸への移住を決心した。曾祖父サムエルは、ジェームス、ウィリアム、サムエル、ジョンと長女の四男一女を育てた。一七七三年、老サムエルは息子のジェームスとウィリアムを先にアメリカ大陸に行かせた。フィラデルフィアに到着してからサスケハナ川の支流まで進み、ミルトンの町を形成することになる。その後、老サムエルは、ジョンとサムエルを伴って大陸に渡り、ウィリアムスポートの建設を進めた。一七七五年、妻と長女を迎えに四男のジョンをアイルランドに向かわせ、ロンドンデリーからFaithful Steward号に乗船したが、ニュージャージー州のアブセコム海岸で嵐に遭い、船は大破した。ジョンは助かったが妻と長女は水死した。それは、金製品を身にまとっていたことが命取りとなったといわれている。

ヘボンの自伝的書簡によると、曾祖父サムエルは一七九五年に九七歳で死亡した。その子ジェームス・ヘップバーン、即ちヘボンの祖父は、一七四七年三月二五日にベルファストで生まれ、一七八九年、ニュージャージー州マウントホリーのメアリー・ホープエルと結婚、一八一七年にノーザンバランドで死去した。七男三女が与えられた。ヘボンの父サムエルは長男で、一七八二年、フィラデルフィアで生まれた。プリンストン大学を卒業、ペンシルヴェニアで有名な法律家で、一八六五年、同州ロック・ヘブンで死んだ。母は、アンニー・クレーといい、スレーター・クレーの娘であった。二人は、八人の子を授かった。二男六女で、ヘボンは第二子で長男だった。日本プロテスタント史研究家の中島耕二氏の研究より兄弟姉妹の名を列挙すると、第一子からハンナ・マリア（Hannah Maria）、ジェームス・カーティス（James Curtis）、サラ（Sarah）、スレーター・クレー（Slator Clay）、メアリー（Mary）、エンマ（Emma）、ルイサ・ハリエット（Louisa Harriet）、ジェーン（Jane）と続き、次弟スレーターは長老派教会の牧師であった。

◆ヘボンの出自とクララとの出会い

ヘボンは一八一五年三月一三日、ペンシルヴェニア州ミルトンで生まれ、アイルランド人でエディンバラ大学を卒業したディヴィッド・カークパトリックという校長の下で小・中学教育を受けた。この学校はペンシルヴェニア州において著名な人物を多く輩出した。一八三一年春、一六歳でプリンストン大学の三年に編入、一八三二年秋に卒業した。その頃のプリンストン大学は、総合大学ではなく、単科大学であった。汽車も電車もない時代、ミルトンから駅馬車で七二時間かけてプリンストン大学に着いた。全寮制で一年半という短い学生生活であったが、学ぶことも多かった。アメリカ全土から集って来た学生との交流、アルバート・ドット教授や優れた人物との出会いがあった。当時のアメリカでは教育制度が整っていなかったので、高等教育を受ける人は比較的少なかった。

一六歳という年少で大学に入ったヘボンはひたすら勉学に励んだ。最終学年にかかった頃、ニューヨークとプリンストンにアジアコレラが流行、最後の学期は休学のまま終わったので、在学期間は一年数か月であった。それでも在学中にラテン語、ギリシャ語、ヘブル語を学び、新しく加えられた化学を習得したこともあった。前総長スタンホープ・スミスは教育課程を改革、中でも化学を一般学生に開講した。ヘボンは化学に興味を持ち、古典の研究に多くの時間があてられているのを批判し公言したので、反抗者(キッカー)とみなされ、学生間で問題になった。その態度が総長に知られて、ある時新しく総長になったアシュベル・グリーンに呼び出された。これまで著された伝記〈日本で初めてのヘボン伝、『新日本の開拓者 ゼー・シー・ヘボン博士』山本秀煌《ひでてる》、"*Hepburn of Japan*"(『日本のヘボン』)W・E・グリフィス〉の中に、総長とヘボンとのやり取りがあるので次に見ることにする。「噂によると君はギリシャ語とラテン語を軽視しているそうだね」とユーモラスな視線を向けて総長が問いかけた。「何がつまらないのか、何か邪魔になるようなことを発見したのか」と総長が質問すると、「古典の勉強のため学生に要求する時間の量についてである」と答えた。「君はまだようやく一五歳の若さではないか、これらの興味ある科目と親しむ時間をあり余るほど持っているではないか」と反問された。ヘボンは「私は自然科学に親しむのが、古典学者に親しむより、もっとよいと思うからである」と即答した。総長は、「君は古典の知識なくして学問の根本に達し得ると思うのか、化学を始めその学名や作品は皆ラテン語ではないか、古典の活用的知識なくして、どうして何の方面にも秀でることができるか」と諄々《じゅんじゅん》と諭された。彼はホメロスやリヴィウス研究にも取り掛かり、ラテン語、ギリシャ語、ヘブル語まで学んだ。後年、辞書の編纂、聖書和訳にあたり古典の研究が役立ったのである。

彼は、プリンストン大学を卒業するにあたり、将来の進路をどうするか考えた。父は牧師にするか、または法学士として自分の職業を継がせたいと願っていた。しかし、ヘボンは無口であった。牧師や弁護士になるには弁が立たなければならない。弁論で身を立てることは自分に向いていないと考え、医学への道を選んだ。父と母は謙虚なキリスト教信者で、信仰的に子供らを育て神を畏れ、安息日を守り、教会へ行って聖書を学び、『小教理問答』を暗唱させるように努めた。母は外国伝道に関心を持ち、『ミッショナリー・ヘラルド』や『ニューヨーク・

オブザーバー』を購読していた。ヘボンはこうした雑誌を面白く読んでいた。少年時代の彼は、ジョージ・ジェンキンという信仰の篤い人物で、善事を行なうことに熱心な先生に導かれた。そしてリチャード・アームストロングという学友がいた。彼は後に宣教師としてサンドイッチ諸島（現ハワイ）に派遣された。またアフリカに宣教して倒れたマシュー・レアードとも学友であった。大学時代では、マシュー・B・ホープと親しかった。彼はヘボンの同級生で、宣教師としてシンガポールで伝道した。これらの交友関係がヘボンを外国伝道へと向かわしめたのであった。ヘボンの最初の宗教体験は、一八三一年の冬から三二年にかけてのプリンストン大学においてであった。

「その時わたしはまず、自分と神との関係を真剣に考え始めました。けれども聖書の導きに従わず、キリストに身をささげることをしなかったのですが、一八三四年の冬、フィラデルフィアで大学の医学部の講義を聴いていたとき、その年のことでありますが、ペンシルヴェニア州ミルトンの長老教会に加わることとなりました。その時から宣教医として外国に行くべき使命感が切々とわたしの胸に迫って来たのであります。」（一八八一年三月一六日付ヘボン書簡、『ヘボン在日書簡全集』）

プリンストン大学を出てからミルトン市のD・サムエル・ポロク医師と医学の研究をし始め、ペンシルヴェニア大学医学部に入学した。この医学部は、フィラデルフィア医学校とペンシルヴェニア大学が合併し、一七六五年にできたアメリカで最も古い医学部である。医科で三学科を取り、「脳卒中」の研究で医学博士の学位を得た。ペンシルヴェニア大学医学部は、眼科の治療に優れていた。のちにヘボンが眼科の治療に優れていたのは、この医学部で眼科の履修をしていたからであった。

ヘボンは青年になり信仰告白してから六年間方向が定まらず、罪悪に苛まれ、自己中心的な生活をしてきた。しかし、ここに至って、職業を通じて神の栄光を顕すことをめざすことになった。一八三六年の春、医師として身を立てる場所を探した。ヘボンは、アメリカの国を好んでいたが、医者が多くいるので、医者のいない国へ行くのが良いと考えるようになり、神を知らぬ国へ行くのが神の召しであるという信仰的視点に立つに至った。「私がアメリカに留まれば、ただ多くの医者たちと競うて他人の害となると思いました。それ故医者のない国へ行くのが善い」と考えた。医者のいる国は多くある、医術を知らぬ国が多い。また「独りの神、真の神、活ける神を知る所の国は少ない。そこで、神を知らぬ国、医者がいない国」に行くことにしたと言っている。この時、宣教師になることを父が強く反対、ヘボン自身もこの決心を払いのけようとしたが、外国伝道を決意するまでは心の安らぎを得ることができなかったと言っている。一八三八年の一年間、西フィラデルフィアで留守中の友人の代診を務めた。その後、一八三八年秋、ペンシルヴェニア州ノリスタンで開業することになった。そこでミス・M・リート（Clarissa Maria Leete）に初めて出会った。彼女はノリスタン・アカデミーの校長をしていた従弟を訪ね、ノース・カロライナ州ファイエットヴィルからやって来て、この学校で助教をしていた。彼女は、一八一八年六月二五日、父ハービー・リート（Harvy Leete）、母サリー・フォウラー・リート（Sally Fowler Leete）の長女として、コネティカット州ギルフォードで生まれた。クラリッサ・リートの祖先は、彼女から数えて七代前のウィリアム・リートが、一六三九年イングランドから北米コネティカット植民州ニューヘブン・コロニーに入植し、初代の知事になった。英国スチュアート朝のチャールズ一世が処刑されたのち、アメリカに逃れた王の重臣に保護の手を差し伸べた人物として知られていた。

クラリッサが二歳の時、妹が生まれたが産後の肥立ちが悪く、母サリーが亡くなった。その後、父ハービーはノース・カロライナ州ファイエットヴィルに移住、クラリッサが五歳の時再婚した。父は事業に成功し、聖公会から長老教会に教会籍を移し、亡くなるまで教会の長老として仕えた。というように、クラリッサの家庭環境は複雑だった。彼女は、実家を離れてノリスタン・アカデミーを経営する従兄の所で働いていた。一方ヘボンは、宣教医として海外に行こうと思っていたが父に反対され、悶々としていたところであった。このような事情があったので、二人が交わる中、海外伝道への夢が二人を結び付けたのであった。ヘボンは、クラリッサ・リートが従兄のいるノリスタン・アカデミーで教師をしていた時に出会った。ヘボンは彼女のことをクララと呼んでいた（これ以後クララと呼ぶ）。若い二人はキリストの名において海外伝道の働き人として生きたいとの思いで一致、結婚の約束をした。一八四〇年一〇月二七日、クララの所属するノース・カロライナ州ファイエットヴィル第一長老教会で結婚式を挙げた。クララは生涯を通じてヘボンの最良のよき理解者となった。

結婚式を挙げた二人は、新婚旅行を兼ねて航海に出た。グリフィスの"*Hepburn of Japan*"によれば、伝道協会の要請は、宣教師としてシャム（現タイ王国）に向かって出帆し、中国に住み時期を見て中国と条約を結び、米国との間に通商の道を開くことであった。彼らは、ユナイテッド・ステイツ号に乗るためボストンに向けて出発した。当時のことなので、馬車で行ったと思うが、やっとの思いでボストン港に到着した時にはすでに出帆していた。結局、翌年の三月一五日まで船出することができなかった。夫妻は「おかげで、私たちはゆっくりとニューイングランド地方を楽しむことができた」と、これも神の恵みだと言って喜んだという。

2. 中国への伝道

◆シンガポールから厦門へ

一八四一年三月一五日、捕鯨船ポトマックという小さな船に乗りボストン港を出帆した。ヘボン夫妻は、シンガポールへの長旅に出たのである。二人はボストンよりバタビア（現ジャカルタ）に至る「航海日記」を書いている。出帆の日はヘボンの二六歳の誕生日であった。グリフィスの〝*Hepburn of Japan*〟によれば、乗組員は一八人で、カーター船長、一等、二等航海士、一一人の水夫、料理人などであった。それにヘボン夫妻が乗り合わせた。見送ったのはヘボン夫人の父、ラウリー主事を始め総勢一一人で、夫妻との別れを惜しんだ。四か月にわたる航海が始まった。ヘボンは乗組員と親しくなった。一一人の水夫のうち聖書を持参している者は二人であったので、聖書とトラクトを配った。健康をケアし薬を与え、傷の手当てや歯の抜歯までやった。ヘボンはマレー語を学び、水夫の中にマレー語を知る者に発音の仕方を確認したりした。またミルナーの『教会史』を読んだ。

船上の生活は、船室は狭く船に弱いクララにとっては想像を絶するほどつらかった。船で一番困ったのは水で、飲料水はひどさを増し、味わわないで一気で飲むか糖蜜を入れなければ飲めるものではなかった。妊娠していたクララは、五月一二日、六か月で流産という不幸に見舞われた。夜八時近く、ヘボン自ら産婆となって取り上げ、大海原に葬った。翌日は暴風雨、船体は大きく揺れクララは寝台の両側にたたきつけられ、早産で傷んだ体が自分の体ではないようであった。甲板には容赦なく海水が押し寄せ、船室に流れ込み、恐怖に苛まれた。ヘボンは、「だが私たちは一切不平を言わず、ただ主から与えられた恵みに感謝した。恵は充分であった」と日記に記している。新郎は、睡眠不足のため疲労していたが、健康は何とか維持していた。「我々はこの航海を通して忍耐することと神に信頼することを教えられた」という感想を述べ、失意の中にあっても神の恵みを味わっていた。また「恵みと憐みとはいつも私たちと共にあった。おおむね楽しく有益に洋上の時を過ごしつつある。毎日が安息日のようだ。これから始まる新しい任務につくための、よい準備の期間だと思う」とも記している。

六月一三日、クララが午後甲板に姿を現した。九一日の間、狭い船室から離れることなく、肉体的苦痛と戦っていたが、甲板に出て一同と共に食卓についた。恵みの日であった。二人は、家族に宛てて手紙を書いた。六月一六日の日記には、「私の体力が日増しに増している。弱った私の身体をもう一度丈夫にして下さった神は、何と恵みふかいお方なのであろう」とある。こうして大西洋からアフリカ喜望峰をまわり、インド洋のクリスマス島を通過し、六月二一日水曜日、ボストンを出帆して一〇一日目、ジャワ島に到着した。当時のジャワ島は、人口が六〇〇万であった。広さは、ヘボンが生まれたペンシルヴェニア州より広く、ほぼイングランドぐらいであった。六月二一日、ヘボン夫妻はタムソンというアメリカの宣教師に出会った。ヘボン夫妻は、タムソンの家庭に一週間逗留した。旅の疲れから健康が恢復し、楽しい一時を過ごした。タムソンは自宅で一二歳以下の中国人やマレー人の子供一一人を寄宿させ、私塾を開いていた。

　その後、ジャワ島での一週間の休息を終えて再び船上の人となり、七月一二日、シンガポールに到着した。夫妻は、マクブライドの手厚いもてなしを受け、数時間の間に何人もの宣教師に会った。ノース、ディキンソン、アビール、ストロナク、ディブンポート、サベリー夫妻等に会った。マクベリーが中心となって開いている祈祷会にこれらの宣教師たちが出席していた。ヘボンはアビールの説教を聞いたことを記している。その説教は、「平易で実際に即した格調高い説教であった」と述べている。ヘボンは、シンガポールに留まることを決め、マレー語の研究を再開した。シンガポールでの出会いで挙げておかなければならないのはS・R・ブラウンである。ブラウンは、夫人の健康のためにシンガポールに来ていた。「この出会いは、以後四〇年にわたる私たちの友情の始まりだった。日本で二〇年にわたって一緒に働くとは夢にも思わなかった」と言っている。

◆モリソン号事件と聖書

シンガポールに到着して間もなくと思われるが、ヘボンは、カール・フリードリヒ・ギュツラフ（Gützlaff, Karl Friedrich August）が訳した『約翰《ヨハネ》福音《フクイン》之《ノ》傳《デン》』に出会った。ヘボンは、この大変珍しい聖書を見つけた時、買い求め、他に買った骨董品と共にニューヨークの長老教会外国伝道協会本部に送った。ギュツラフは、英国公使館付の通訳兼秘書官を務め、医業を営み東洋と西洋の架け橋となった人物である。一八四四年、中国人のための伝道者養成所を建て、四年間で四八人の伝道者を送り出した。ギュツラフは三人の日本人漁民を使って聖書和訳を行ったのであった。

一八三二年一二月、伊勢神宮近くの鳥羽港を出帆した宝順丸が遠州灘（浜松あたり）で難破、漂流の憂き目に遭い一四か月間漂流後、アメリカ・ワシントン州のフラッタリー岬南方に漂着した。一四人の乗組員のうち、三人が生き残る。それは岩吉（二八歳）、久吉《きゅうきち》（一五歳）、音吉（一四歳・最年少）の三人であった。致命的であったのは、船で大切な舵取りの板が崩壊したことだった。岩吉がその担当だった。船が完全に破壊されたわけではないので、食料は確保できた。ご飯を炊き、みそ汁、梅干し、干物等、また魚を釣ることもあった。大切な水は、雨水であった。雨水を貯水槽に貯める。雨が降ると、容れ物という容れ物を並べて雨水を貯め、雨を浴びて体を洗う。一一人が亡くなった原因は、ほとんどが壊血病で、出血性の障害が体内の各器官で生じて死ぬもので、ビタミンC不足がその原因であった。

　助かった岩吉、久吉、音吉は先住民に酷使されていたが、ハドソン湾会社W・マックネル船長が救出、バンクーバーからロンドンに連れ帰った。その後、前述のギュツラフがこの三名を使って日本語聖書の翻訳をした。ギュツラフは三人をなだめすかして福音書を読ませ、日本語をしゃべらせて日本語に翻訳していった。一八三七年、『約翰福音之傳』と『約翰《ヨハネ》上中下』を翻訳、印刷はアメリカン・ボード印刷所に依頼、木版刷で一五〇〇部印刷された。この聖書を日本にもたらすことはできなかったが、同年七月、S・W・ウィリアムズ、医師のパーカー、キング夫妻、先の三名を含めた七名の漂流民をモリソン号に乗せて浦賀にやって来た。漂流民を届けようとしたが、残念ながら異国船打払令により退却を余儀なくされ、鹿児島でも砲撃を受けマカオに戻らざるを得なかった。これをモリソン号事件という。漂流民たちの無念さと宣教師たちの日本への宣教の足掛かりにもならなかったが、同船していたウィリアムズ、パーカー、キングはその後、「モリソン号航行記」をそれぞれ出版し、日米交渉についてアメリカ合衆国政府に訴え、世論を沸かせ、ペリー来航の先駆けとなった。

　一八四〇年から清とイギリスの間で二年間にわたりアヘン戦争が起こった。イギリスは、インドで製造したアヘンを清に輸出して巨額の利益を得ていた。清はアヘンの蔓延に対し全面禁止を断行し、イギリスとの間で戦争となる。敗れた清は南京条約を締結させられ、香港を割譲。

広州、厦門《アモイ》、上海、福州、寧波《ニンポー》等を開港することになった。中国の開港がなされた時、ヘボン夫妻は転任を命ぜられ、シンガポールの家を処分してポルトガル領マカオに向かうことになり、一八四三年六月九日到着した。ここで、S・W・ウィリアムズとウォーター・ラウリーと居を共にし、マカオで夏を過ごした。マカオは、心地よい散歩道、海水浴場、温泉、古い砦等過ごしやすい地で、休息をすることができて有益な時が与えられた。

一八四三年一〇月、ヘボン夫妻は厦門へ移動し、同年一一月、デビット・アビールとW・H・カミングと合流した。二人は病院と施療所を経営していた。ヘボンは、厦門滞在中、鼓浪嶼島《コロンス》で過ごし、アビール牧師、カミング宣教医と共に働いた。一八四四年四月九日、サムエルが生まれた。ヘボンは、この子が父の跡を継いで宣教師として献身することを願ってサムエルと名づけた。一八四四年二月一日から四五年七月一日までの厦門からのヘボンの報告によると、カミングは一八四二年の中頃、鼓浪嶼島において、アビール牧師の家で施療所を開始し、一八四四年一月一日まで続いた。近隣の町や村から治療を願う人々がやって来た。毎日曜日には六〇人から一〇〇人の出席者があり、礼拝に来る人々は施療所に来る患者がほとんどであった。商人、農民、職人、船頭、荷役などの下層階級の人たちである。この間の患者の状況を見ると、一八六二件、そのうち眼科が五七一件と多く、次に多いのが消化器系統である。また七人に一人が呼吸器官の病気に罹っていた。

厦門では、五月、六月が雨季で気候は悪く、マラリア熱が猛威をふるい始めた。鼓浪嶼島に駐留していた英国兵士三五〇人中一五〇人が感染し、亡くなっている。新たに着任した宣教師が連れて来た九人の子供のうち七人が倒れた。ヘボンとクララもマラリアに罹り大変なことになった。ヘボンは生まれたばかりのサムエルとクララをマカオに避難させた。順調に進んでいた施療事業であったが、これ以上ここに留まることはできなかった。ヘボンは厦門より気温の低い福州や北の寧波へ行って宣教活動を続けるか、単身で現地に残るか思案した。しかし、クララの健康は思わしくなく、ここに中国伝道は終焉を迎えた。ニューヨークに帰る以外に良き道はないとして決断したのであった。一八四五年一一月三〇日、パナマ号に乗船してマカオを離れ、一八四六年三月一五日、失意のうちにニューヨーク港に到着した。

3．ニューヨーク開業時代

◆ニューヨークにおけるヘボン夫妻

ヘボンは、病妻のクララと次男サムエルと一緒にニューヨークに帰って来た。ボストンを出発してちょうど五年になった。「友人の勧めで、それにまた中国に行く望みを抱いて、一八四六年の夏、ニューヨーク市の山手に医院を開きました」と述べている。ヘボンが「中国に行く望みを抱いて」と書いているように、再び中国伝道を考えていたことが分かる。ヘボンは、落ち着き先のマンハッタンの西四二丁目一五九番地で診療所を開設した。もちろん現在は、ヘボンが住んだ建物はなく、司馬純詩氏の研究によれば、「ジェームズ・カーティスの家のあったあたりは吉野家牛丼チェーン店とリーガル・シネマの入口になっている。」こうして、ヘボンはアメリカに帰国後、市民として医療活動に励んだ。始めは小規模な医院であった。しかし、徐々に発展し、家族を養うに充分な財を蓄えるようになっていった。一八四七年一〇月五日、弟のスレーターに出した手紙では、「この夏あまり患者が来なかったところを見ると、近隣の人々は健康だったようだ。でも生活はできるだろう。〈まろぶ石には苔つかぬ〉ということわざがある。苔は岩や石のように動かないところで湿気が多いところに生えるという意味で、移転したからといって今までより生活が好転するとは限らない。ここはじっと我慢して頑張らなければならない」とスレーターに言っている。続いて、一八四九年一月三日の手紙では、「前年度の受けとった収入は前年より一四六ドル増加、かなりの発展ではないか」とスレーターに書いている。

　こうして小規模な形で始まった開業医の仕事は、徐々に発展し、財を蓄えるほどになっていった。それは二度にわたってコレラがニューヨークで流行した時、中国における医療事業の経験が活きてこれらの治療にあたり成功し、市内有数の医者となった。ヘボンが学んだペンシルヴェニア大学医学部は眼科が充実していたので、ヘボンも眼科医としても名をなした。小さい医院であったが、拡張してニューヨークで知られる病院へと発展した。指路教会の牧師で、ヘボンと親しかった山本秀煌が、『新日本の開拓者 ゼー・シー・ヘボン博士』の中で、「日本に於ける私共の生活費は紐育《ニューヨーク》市の病院で消費した一か月の石油費にも足らないほどの小額である」というほどに豊かな生活をしていたと述べている。のちに横浜で医師仲間の一人がヘボンに尋ねた話がグリフィスの〝*Hepburn of Japan*〟に載っている。ニューヨークで開業していたあの時代は、忙しくて教会へ行くどころではなかったでしょうと尋ねた。

「医者の仕事がどんなに忙しくても、別に苦にはなりませんでした。それに、人間はどんなに成功しても必ず時間の余裕はあるものですよ。私は日曜日には必ず教会に出かけて行き、それどころか、聖歌隊にも入っていました。『精神一到何事か成らざらん』ですね。日本で雑用に追われていたヘボンは茶目っ気たっぷりな表情でこう答えた。」（W・E・グリフィス、高谷道男監修・佐々木晃訳『ヘボン―同時代人の見た』教文館）

西四二丁目一五九番地から徒歩で数分の所にヘボンが通う長老教会があった。この教会の会員であったヘボンは、一八四六年の会員名簿の二番目に名前を連ね、同年七月一二日に教会員になっている。妻のクララが教会員になるのは、同年一二月二一日である。そして、息子のサムエルが翌年の六月六日に幼児洗礼を受けた。この教会は、一八四五年九月一四日から活動を開始し、J・C・ラウリーが牧師を務め、ニューヨーク教区によって組織され「ニューヨーク市四二番長老教会」と命名された。四一歳のヘボンは長老として、一八五九年に来日するまでこの教会に仕えた。この教会ではヘボン夫妻の次のような記録が残されている。

「四二丁目長老教会の組織設立当初から、教会員かつ長老としてかかわり、深く敬愛されてきた我同胞、ヘボン博士が、日本で医療伝道師になるため、最近我々のもとから離れて行った。だが、いかなるキリスト教教会も存在しないという国柄ゆえ、博士を我々の教会から除籍することはできない。従って、我々は博士を会議の欠席者として記録することを控え、博士と令夫人を、我々優しく温かな記憶の中にとどめておくことに決まった。ご夫妻は、この教会の精神的、世俗的救心の向上に、忠誠と自制と熱意を持ってほぼ一三年献身されてき

ヘボン兄弟　弟のスレーター（左）とヘボン（横浜開港資料館所蔵）

ており、そのことに対する我々のご夫妻への思いを、記録に書きとめておくことは光栄の至りである」。（渡辺英男「ニューヨークにおけるヘボン」『明治学院大学キリスト教研究所紀要』第四五号）

ヘボン夫妻は我々のもとから離れて行ったが、教会から除籍することはできないとして記憶に留めたいという。ヘボン夫妻が教会で忠実に仕え、この長老教会の会員から慕われて愛されていたことが分かる。

ヘボン夫妻は幸福な生活を営んでいたが、大きな悲しみが襲ってきたことを記さなければならない。ニューヨークで生まれた三人の男の子が相次いで病死した。一八四七年一月にチャールズが生まれ、一八五〇年にウォルターが生まれたが、一八五二年六月八日に二歳のウォルターが、続いて同年六月一八日に五歳のチャールズが猩紅熱《しょうこうねつ》で次々に死んだ。さらに一八五四年七月二五日にカーティーが生まれたが、翌年八月二二日に赤痢で相次いで死んだのである。ヘボンは、たった一人残ったカーティーが一八五五年に死んだ時、その悲しみを弟のスレーターに送っている。

「おお！　スレーター君、わたしどもの深い悲しみ、わたくしどものこの予期せざる寂寥《せきりよう》をどう君に説明することができようか。わたしどもは、この小さな子はきっと命を取り留めると思いました。しかし、わたしは心の底から、わが意にあらずみこころをなし給えと言いうると信じます。」（一八五五年八月一日付ヘボン書簡、高谷道男編訳『ヘボンの手紙』）

これらの幼子の墓地は、ニューヨークから少し離れたニュージャージー州オレンジ・シティのバラの花咲く谷という意味のローズデール・セメタリーに埋葬された。ちなみにこの地は、ヘボン夫妻が日本伝道を終えて晩年に住んだ場所である。現在、この墓地には、ヘボン夫妻と一緒に三つの小さな幼子の墓石が並んでいる。クララは、五歳のチャールズを失った後、その子が通学していた幼稚園の教師になって気を紛らわしたという。こうして、ヘボン夫妻の家庭は中国から帰ってきた時と同じ人数になってしまった。これも神の摂理だったのかと、「行って、癒されぬ数百万の東洋人を救え」と、主の命令が下った時には、容易に動くことができたのですと告白している。

第二章　日本の開国、開港、開教

ペリー肖像
（出典：ColBase<https://colbase.nich.go.jp/>）

1. ペリーとハリス

◆日米和親条約と日米修好通商条約

ヘボン夫妻が再び東洋への伝道の切っ掛けになった出来事は、一八五三（嘉永六）年のペリー来航であった。フィルモア大統領は、マシュー・ペリー（M. C. Perry）提督に、長い間鎖国をしていた日本に対し、開国を迫り通商を認めさせるよう命令を下した。これより以前、アヘン戦争後、オランダ政府は特使を日本に派遣、国王ウィリアム二世から日本国の将軍宛てに開国すべしとの勧告を手紙にして出した。しかし、オランダ国王の手紙を受け入れることはなかった。一八四四（弘化元）年三月、フランス軍艦が琉球那覇に来航、これに関係してカトリックの再布教をめざしてフォルカードとアウグスチノを那覇に上陸させた。フォルカードらは上陸を拒否されなかったが、「那覇北郊天久泊の聖現寺」に閉じ込められて厳しい監視下に置かれた。この二年後、ベッテルハイムが那覇に来て布教を開始した。

アメリカは捕鯨業を通して東アジアに関心を持ち、太平洋で適当な寄港地を望んでいた。一八四六（弘化三）年の出漁船は七三六隻にも上っていた。一八四六年七月、ビッドル提督が、コロンバス、ヴィンセンスの二隻の軍艦を率いて浦賀に現れた。来航の目的は通商の意志があるかどうかを打診するためであった。江戸の老中阿部正弘が対応した。外国との通商は国禁であることから外交のことは長崎において取り扱うと通告、ビッドルは間もなく退却した。次いで、一八五三（嘉永六）年七月八日、江戸湾入口にペリー艦隊が姿を現した。その四隻は、サスケハナ、ミシシッピー、プリマス、サラトガであった。ペリー艦隊の様子を次の狂歌が表している。「泰平のねむりをさます上喜撰たった四杯で夜も眠れず」という状況であった。ペリー艦隊は一旦浦賀を去り、小笠原に退去して貯炭庫を設けて、合衆国領土の標柱を立て再来航に備えた。一八五四年二月、七隻からなる艦隊を伊豆沖に、そして二月一三日には浦賀を通過、金沢に錨を下した。浦賀奉行は浦賀沖碇泊を求めたが、ペリーは羽田沖まで進んだ。同年三月八日、第一回の交渉が横浜で行われ、同年三月三一日（嘉永七年三月三日）、日米和親条約一二箇条を調印した。下田、箱館二港を開港、薪水、食料などを供給すること、両港における遊歩区域を設定すること、アメリカ船の必要品の購入許可、外交官の下田駐在許可、最恵国約款の承認等であった。

一八五六（安政三）年八月一日、タウンゼント・ハリス（Townsend Harris）は軍艦サン・ジャシント号に乗って下田に現れた。下田郊外の玉泉寺に留まり星条旗を掲げた。ハリスの目的は通商条約を締結することだった。通訳官ヒュースケンを伴い交渉にあたり、一八五七年六月一七日（安政四年五月二六日）には九箇条からなる下田条約を結んだ。一八五七年一一月二三日、ハリスはヒュースケンと下田を出発、江戸に向い交渉は一三回にわたり、一八五八年正月に一四箇条にまとめた。老中堀田正睦は通商条約調印には勅許が必要であると考えた。公卿も天皇も攘夷論者であったので、この問題を解決するのは難しかった。堀田はハリスに国内事情を話して延期を願い出た。一八五八年六月四日（安政五年四月二三日）、彦根藩主井伊直弼が大老になった。勅許が下りない中にあって、ハリスが下田から軍艦ポーハタン号に乗って横浜小柴沖にやって来た。ハリスは、アロー号事件に基づくイギリス、フランスと清国間の戦争が終わり、天津条約が五月に結ばれ、英仏国が大艦隊を派遣して通商条約を結ぶ恐れがあると幕府に伝えた。このようなことが起これば、アメリカよりもっと不利な条約を押し付けられると警告、アメリカとの条約を締結することの意義を説いた。井伊はこの通商条約を拒否すれば戦いになり、日本は敗北すると考えた。ここに井伊直弼は、勅許を得ないで条約締結を受け入れる覚悟を決め、その責任は自分一人が取る決意であるとして締結に踏み切った。一八五八年七月二九日（安政五年六月一九日）、アメリカ軍艦ポーハタン号艦上でハリスと下田奉行井上清直と目付岩瀬忠震を全権として一四箇条と貿易章程七則を批准した。

日米修好通商条約は、下田、箱館のほか、神奈川、長崎、新潟、兵庫の開港、江戸、大坂の開市、自由貿易を規定、領事裁判権、居留地の設定を認め、関税は二〇％と定められた。中国のアヘン戦争の南京条約では、関税は五％で低率なので日本の方が有利になっている。また中国では外国人の清国内の旅行は自由であるのに対し、日本では一〇里四方の制限があった。とはいえ、不平等条約であるのは清国も日本も同様であった。

「ハリスの日記」によると、宗教上の規定には第八条がある。その条項は次の通りである。

「日本にある亜墨利加人、自ら其国の宗法を念じ、礼拝堂を居留場の内に置くも障りなく、竝に其建物を破壊し、亜墨利加人宗法を自ら念ずるを妨げる事なし。亜墨利加人、日本人の堂宮を毀損することなく、又決して日本神仏の礼拝を妨げ、神体仏像を毀る事あるべからず。雙方の人民、互に宗旨に付ての争論あるべからず。日本長崎役所に於て、踏絵の仕来りは、既に廃せり。」（ハリス、坂田精一訳『日本滞在記　下』岩波文庫）

タウンゼント・ハリス肖像（国際日本文化研究センター所蔵）

ハリスは、第八条の規定については熟慮した形跡がある。日本とオランダの条約の中には、「出島の建物の中で、オランダ人は彼ら自身の宗教、あるいはキリスト教の礼拝を行なってもよろしい」との一条があるのを知っていた。また「ハリスの日記」一八五七年一二月六日付によると、「今日は降臨節の第二日曜日である。ヒュースケンが同席して、大きな声で祈祷書の全部を読んでいる。神の祝福によって、日本人との交渉に成功するならば、アメリカ人のために日本に教会を設立する権利とキリスト教の信仰の自由を要求する積りである。」と書いている。交渉にあたりハリスは、この八条が通るという希望をほとんど持たずに、私が挿入しておいたものだったと言っている。アメリカ人が礼拝堂を建てる権利と宗教を自由に行使し得ることと、踏絵の風習を廃止するものであった。「私が驚き、そして喜んだことには、この箇条が承認されたのである」とハリスが喜んだ姿が目に浮かぶようである。ハリスは聖公会の信徒で、一八六二年五月帰国にあたり、米領事館付牧師であったS・R・ブラウンに日本人のための教会堂建築資金として一〇〇〇ドルを贈った。この資金は、日本最初のプロテスタント教会である日本基督公会、現在の横浜海岸教会の建設資金に使われた。

◆ヘボン夫妻の来日

一八五八年九月三〇日（安政五年八月二四日）、長崎港に投錨中のアメリカの艦上において通訳のS・W・ウィリアムズ、米艦付牧師ウッド、聖公会のサイルが集まって話し合った。アメリカの聖公会、長老派教会、オランダ改革派教会のそれぞれのミッション本部に日本宣教の重要性を訴え、宣教師の派遣を要請する勧告状を送った。この勧告状を受け取ったミッション本部は、宣教師を送ることになるのである。一八五九年一月六日、ヘボンはS・W・ウィリアムズらが出した勧告状を知って、北米長老派教会の外国伝道協会に日本派遣宣教医の申請書を提出した。同年一月二一日、ミッション本部がヘボン夫妻の申出を承認、中国に伝道していたJ・L・ネヴィアスを協力者としてヘボン夫妻を日本に派遣することを決定した。

一八五九年五月アメリカ聖公会のリギンズが長崎に来航。翌六月には同教会のC・M・ウィリアムズが長崎に到着、また同年一〇月一八日にはアメリカ長老派教会のヘボンが神奈川に、続いて一一月にはアメリカ・オランダ改革派教会のフルベッキが長崎に、さらに同教会のS・R・ブラウンとD・B・シモンズがアメリカ帆船マリア・ルイザ号で神奈川に到着した。ヘボンは、弟のスレーターに来日の決意のほどを次のように語っている

「伝道局が日本のどこへ、わたしどもを派遣するかわかりません。しかし神の意ならば、わたしは喜んで出てゆきます。そこに行き、それらの暗黒の中に住む人々の幾人かの蒙昧を啓き、その帝国にキリストの聖国をたてるべき器となる以外に、わたしの心を喜ばすものは何もありません。もし神がわたしを派遣し、わたしと共にいますならば、それで満足です。」

（「一八五八年一二月三一日付ヘボン書簡、『ヘボンの手紙』」）

ヘボンは、「天の父が命じた所に行き、働くことがわたしの望みです。」わたしはこれら一切を神に委ねると言い、クララはこれらすべての方針において、私と一つ心であるとスレーターに告白している。早速、ヘボン夫妻は日本行の準備に入った。老父、親戚、知人、友人たちは

この知らせを聞いて驚き、四四歳になろうとするこの歳で、なぜ見知らぬ日本に行かなければならないのか、理解を越えていた。山本秀煌は、博士を惜しむ余り、日本行を「無謀の挙」だと親戚や知人が止めたが博士の決心は堅く、動かすことはできなかったと述べている。一方、ヘボンの高潔な犠牲的精神に感激した者もあった。それらの中で、ヘボンに熱心に賛成したのはクララであった。もし、夫人の同意がなかったならば、この計画は挫折し破綻していただろう。

マンハッタンのミッドタウンの西四二丁目一五九番地の住居兼診療所と土地を売却した。一万ドルで売却でき、日本に行く資金とした。一八五九年四月二四日、ヘイル船長のサンチョ・パンザ号に乗り込み、数多くの親戚、友人、教会員、病気を癒された人たちに見送られてニューヨーク港を出帆した。その中で、サムエルのことが一番気がかりであった。友人のヤングに頼み、プリンストン大学の寮に入って勉学に励むことになった。弟のスレーターに出した手紙では、休暇の時は君の所か、親戚のいるロック・ヘブンで過ごすかして、都合がつくときはサムエルに会って彼に目をかけて欲しいと書き留めている。当時は、サンフランシスコと横浜のルートがない時代。アメリカ横断鉄道の便もなく、帆船で大西洋を経て喜望峰、インド洋、中国の諸港を通って神奈川に来るルートであった。その不便さと長旅で息が詰まり、ニューヨークを出帆して一七六日も掛かった。一八五九年八月三一日の手紙では、上海に八月二九日に到着、ニューヨークを出てから一二七日かかり、航海中はほとんど逆風か、なぎでしたと書いている。

しかし、長い航海には飽き飽きしたと言い、船に弱いクララの苦痛は尋常ではなかったと思われる。同年九月二九日の手紙では、上海に到着して以来四週間ばかり病床についた。ヘボンは、腸の炎症で二週間、クララは赤痢で一週間休んだ。結局、同年一〇月一日に上海を出帆するまでここに留まり、健康の回復を待つことになった。上海でデント商会からの汽船で神奈川行の船便を見い出し、一二日間の航海で、山東省、長崎、神奈川に向かうことになった。同年一〇月一七日に神奈川沖に到達した。ヘボンは、航海中は、シンガポールで見つけニューヨークの長老教会外国伝道協会に送り届けていたギュツラフ訳の『約翰福音之傳』を取り寄せて読み、また「日本語文法書」を精読し日本語の研究に余念がなかった。

2. 神奈川成仏寺に住む

◆成仏寺の生活

一八五九年一〇月一八日、上陸して運上所に出向き、アメリカ領事ドールに会い、彼の援助によって、一〇月二〇日に家を手に入れた。神奈川駐在の領事によれば、「あなたは一種異様な人である。元来日本との条約は商業のために約束を結んだものである」。キリスト教を宣べることについては、条約の箇条に書いていないが、出来るだけのことはするので二日ほど待ってくれという。ヘボンは毎日領事館に行った。神奈川に三つの寺があるが、その中から、浄土宗成仏寺を住居とした。従って、成仏寺に決まるまでは、神奈川沖に停泊していた船で宿泊していた。

成仏寺は、本堂と庫裡《くり》からなっており、ヘボン夫妻は本堂の方に住んだ。本堂のだだっ広い所に大小八つの部屋を作り、部屋の境は襖で仕切り、寺の修理と改造には一三〇ドルばかりかかった。二つの建物の家賃は一か月一六ドルで、一一月に到着したS・R・ブラウンは庫裡に住み、ヘボンと折半して八ドル支払うことになった。この寺の僧侶は宣教師がここに留まるのを喜んでいた。それは、家賃収入がかなり高かったことが理由であった。一八六〇年四月一日

成仏寺の宣教師たち　S・R ブラウン夫妻と子供たち、ゴーブル夫妻、ヘボン夫妻（横浜開港資料館所蔵）

には、アメリカ・バプテスト自由伝道協会のゴーブルが来日、ブラウンの庫裡の勝手口に小さい部屋を設けてそこに住んだ。

生活はというと、一一月二二日の書簡では、「勝手口に良質の水の出る井戸があり、食物も豊富である。魚、家畜、鶏卵、さつまいも、じゃがいも、インゲン豆、大根、上質の白米、人参、時折新鮮な牛肉、羊肉、子牛の肉などを船長や領事から届けてもらえる。市場から良質の牡蠣を買い入れることができる。ミルクとバターは手に入らないが、他に手に入るものがあるので、欲しいとも思わない」と言っている。今では二人の下僕も仕事に慣れて来たというので、成仏寺に住んでかなり早く見つかったようである。この二人は、名前の記載がないが、ヘボン夫妻が帰米するまで、ハウスキーパーをした横浜の池辺から出て来た牧野芳と粂吉と考えられる。のちに芳は、一八七四年九月一三日横浜第一長老公会（現横浜指路教会）の創立記念日にヘンリー・ルーミスから受洗、粂吉も一八七七年三月四日にルーミスから洗礼を受けている。なお、ブラウンと一緒に来たシモンズ、F・ホールの三人は、上海に妻子を置いてきたので、クララが食事などの世話をして忙しかった。

一八六〇年一月一〇日の書簡では、ヘボンは、アメリカ在住のランキンという人物に洋服の注文を依頼している。神奈川宿には、この当時洋服屋もなく、布地もなく、靴屋もないので、母国か上海に頼むしかなかった。黒の毛織の服、いつも自分が着ているフロックコート、黒のズボン、チョッキ等、モンローという店がヘボンの寸法を持っていた。ちなみにズボンは胴回り二九インチ、丈三〇インチと細かく書いてある。他に黒のネクタイ二本、外出用靴三足、二、三ダースの靴紐と一ダースの靴墨、バンクロフトのアメリカ史など、実に細かく指示があり、彼らしい性格が表れている。一月七日頃、江戸にいるハリスを訪ね、楽しく過ごし、江戸は大きな都市で美しく整備され、ハリスは我々宣教師に「急がば回れ」であると忠告してくれた。二月に入り、ハリスが病に罹り薬を処方するために呼ばれ、一週間ほど様子を見た結果、ハリスは、平常の健康に戻った。

一八五九年一一月一日、S・R・ブラウンは、D・B・シモンズと一緒に神奈川に到着した。ブラウンは成仏寺に入り、ヘボンの用意していた庫裡に落ち着いた。シモンズは、成仏寺近くの宗興寺に住んだ。ブラウンが到着して二週目の安息日、同年一一月一三日、成仏寺のヘボンが住む客間において、居留民、領事館員、ヘボン夫妻と最初の礼拝を行なった。ブラウンが説教し、「普通大体一二〜一五人の出席」、二、三人の商人と船長が出席した。これ以後も成仏寺で礼拝が捧げられた。この礼拝は、プロテスタントの超教派の礼拝として重ねられ、翌一八六〇年四月一六日のブラウン書簡では、主の日に公開礼拝が行われ、聴衆は二〇人から三〇人くらいで、一人のアメリカ商人が信仰を告白したと報告している。この教会は、その後ユニオン・チャーチとして発展し、現在は山手の丘（山手町六六―二）にある。

◆日本語の学びと施療

ヘボンは来日早々、日本語の勉強に力を入れた。一一月二二日の手紙では、わたしは、まだ日本語教師を得ることができないが、下僕の弟の一青年が英語を学び、その代わりに日本語を教えたいとやって来たので、ヘボンはこれを受け入れている。一八六〇年三月七日の「神奈川日記」によると、「やっと日本人教師を得ました」と言い、五か月にして日本語教師を雇いヤゴロウ（弥五郎）と言った。それは、一二月二九日のことで、「三二歳の医者で学識のある人物で、自国のことをよく知っているばかりでなく、外国の知識もかなりあるようで、英学を学び西洋の知識を得たいと望んでいる。日本中探しても、果たしてこれほどの日本語の教師を見出せるか疑わしい」と言っている。ヘボンが英語を教えると共に、彼から日本語を学んだ。この弥五郎は、『和英語林集成』の編纂と『真理易知《しんりいち》』の翻訳に協力した。

ヘボンは日本語をもっと知りたいことから日本人の書いた本を何冊も読み、日本語でどの程度の仕事ができるか試すためにマルコによる福音書を翻訳し出した。その始めの翻訳は、中国における宣教師たちが訳した漢訳聖書の助けを受けて翻訳をした。というのは、日本語教師は漢訳の聖書が読めるので、相談しながら日本語に訳すとき都合が良かったのである。一八六〇年五月五日に弟に出した手紙では、「彼は二八歳ぐらいの医者で、教育もあり、日本人としての行儀作法も心得、教養も身につけています。」と書いている。この人物の年齢が違っているので、同じ弥五郎と見て良いのかという疑問も湧くが、同じ人物と思われる。成仏寺の本堂を仕切った奥まった部屋で、「薬品や何冊かの書籍、一脚の机を置き、この部屋で大部分の時間を過ごし、日本人教師と日本語を研究している」と述べている。「日本語は難しいが、勉強は頼もしいほど進んで言葉にも慣れ、一日一日と分かるようになってきた。教師は私の横にいて、英語を学ぶことに熱心である。わたしが、日本語を学ぶと同じように、お互いの間で競争しているようです。」と言うように、英語で書物を読みたいという願いが彼を引き付けている。へボンは、彼に一か月の賃金を八ドル支払い、満足しているようだった。
彼は中国語で書かれた地理学の本を興味深く読み、中国語の聖書をしばしば読んでいたのを見た。ヘボンは、来日以来、日本語の習得に力を入れてきた。クララがアメリカに帰って留守になる間、辞書の発行に力を入れて、ノートにあらゆる日本語を集める作業をしているとミッションに報告している。
「二年近くもの間、それをわたしのおもな仕事としてまいりました。会話や一般文学に出てくるわずかの例外を除いて、考えつく膨大な数の言葉、すべてを集めております。そして意味を把握し、参照等のために、日本語の本を読んでまいりました。印刷するのに適するまでには、あと二、三年はかかるでしょう。それでも完全ではないかもしれません。辞書の出版のようなことが、可能なかぎり完全に行われるのが願わしいのですが、わたしどもの本部がそれを発行してくれるかどうか見当がつかないのです。わたしは自身ではできません。そこで、それを引き受てくれる個人か団体が本国にあるかどうか、知りたいのです。」（一八六二年一月二七日付ヘボン書簡、『ヘボン在日書簡全集』）
ヘボンは、辞書を編纂するにあたり形を整えて、一頁に二列で、八ツ折版の四分の一の大きさで八〇〇頁ほどの本になると具体的な数字まで上げている。ヘボンは聖書の日本語訳を手掛ける基礎的作業として辞書の編纂に取り組み、努力を重ね、一八六七年に結実して『和英語林集成』として出版されることになったのである。

一八六一年一月の記事では散歩の様子を伝えている。当時日本人は散歩をするという習慣がない時代にあって、ヘボンは日本の美しい田園を散歩するのが好きだった。街路では子供たちが「オハヨー」「アナタ」「ドジン」「バカ」という言葉を発し、無礼な言葉、意味のない無遠慮な用語を浴びせたりした。日本の住民は一般に外国人を恐れて、通りすぎるとほっとするようであった。ヘボンは黒い杖を携えて散歩するが、田舎の人はそれを一種の銃と思い違いし、立ち止まって話しかけると、決まってその杖のことを調べ、杖だとわかるとびっくりした様子を示すのである。ヘボンが初めてノートに記した言葉に「アブナイ」がある。廃屋の前に立っていた時、職人らしいハッピを着た人が「アブナイ」と呼び掛けてくれた。他に「コラ」「シカタガナイ」という言葉を覚えたという。彼は、生きた日本語の語彙を増やすために「コレハナンデスカ」を連発するのが癖だった。

ヘボンは、一八六一年四月頃から施療を始めている。ウォルター・ラウリーに宛てた同年四月一七日の手紙では、「ネヴィアスが中国に立ち去ったあと、四月一日から曹洞宗宗興寺を借りて施療兼病院を始めることにした。費用は年二〇〇ドル、何らの反対がなく、その上役に立つということが分かったら継続します。」と述べている。「毎日幾人かの施療患者と一人の入院患者がいる。ミッション本部の財政困難に際し、伝道委員会が今すぐこの費用を承認するか分かりません。」と言っている。それが六月二一日の手紙では、「今では月曜、水曜、金曜だけで開くことにしました。外来患者は一〇〇人～一五〇人くらいで、先月は一〇〇〇人以上の処方箋を書きました」という盛況で、田舎から江戸からたくさんの患者がやって来た。ところが九月八日の手紙では「施療所と病院とは閉鎖されてしまった。結局五か月で宗興寺での事業は終わり、三五〇〇人の患者に処方箋を書いた。」とある。

「瘢痕性内反《はんこんせいないはん》（眼疾の一種）の手術三〇回、翼状片《よくじようへん》（眼疾の一種）の手術三回、眼球を摘出したのが一回、脳水腫の手術五回、背中のおでき切開一回、白内障の治療一三回、痔瘻の手術六回、直腸炎一回、チフスの治療三回行いました。そのうち一回だけ白内障の手術はうまくいかず、他はみな上出来でした。多数の患者の病苦を軽減し、これを治癒し、またわたしのような者がこういう貧しい人々に何かお役に立つようなことをしたことを知って嬉しく思います。この付近の田舎から人々が、続々とわたしのところへやって来ました。また一七五マイルも離れた遠方からもやって来ました。」（一八六一年九月八日付ヘボン書簡、『ヘボン在日書簡全集』）

ヘボンは眼科の専門医だけあって眼科の手術を多く成功させた。また他の手術でも、蘭医はいたがヘボンには及ばなかったようである。しかし、幕府はヘボンを強盗や暗殺者から守るという口実の下に、許可書を持たない者が来ることを許さなかったのである。幕府が患者を来させないようにしたので、ほとんど一人も来なくなってしまった。ヘボンは、「施療が阻止されたことは、わたしにとってもことに貧しい人々には深い悲しみでありました」と述べている。とはいえ、一八六二年九月一日付の書簡を見ると、「毎日患者は絶えません。ある患者にはわたし自ら往診しています」と述べ、「数日前は神奈川宿である大名の位の高い一人の家来がコレラらしい病気に罹ったので往診に出掛け、その友人、従者たちと親しくなったことが外国人に対する誤った印象を取り除くのに役立った」という。同年六月一七日から八月一一日に至る五六日間で、江戸ではコレラ患者が五六万七七一三人中、江戸だけで七万三二五八人が死亡し、神奈川や横浜でも多数の死亡者が出たことをヘボンが報告している。

一八六一年九月、クララ夫人が帰米することになった。それには二つの理由があった。一つには息子サムエルがプリンストン大学に入ったが、勉強が続かなかった。ヘボンが弟スレーターに宛てた手紙では、「ヘボンの友人ヤングに身柄を任せた。一八六〇年一二月、ヤングが『息子をうそつきと言って、鞭で打ったそうです。』」サムエルは、病気の少年を訪ねることの許可をヤング夫人から得たと思っていたが、ヤングが誤解してひどい目にあわせた。ヘボンはサムエルの手紙を読んで、「胸は痛み、血がたぎりました」と言い、たとえサムエルが間違ったとしても成長している息子をこのように扱うのは、紳士的ではなくキリスト教的ではないと書いている。もう一つは、一八六一年春頃、ヘボン夫妻とS・R・ブラウンが帰宅した時、成仏寺門前で、ある日本人にクララが棍棒で肩を打たれた。生命に別状はなかったが、後々まで痛みを覚えた。このことは、日米間にわだかまりができるといけないので表ざたにはしなかった。こうしてクララは、一八六三年三月三〇日に日本を再び訪れるまでアメリカでサムエルと過ごすことになった。

一八六一年一一月一一日、アメリカ・オランダ改革派教会のジェームズ・H・バラ夫妻が横浜に到着した。それより以前、同年五月一五日エベネジャー・ジャンキン牧師とD・タムソン博士の司式で、バラとヴァージニア州出身のマーガレット・テート・キニアは結婚、六月一日「キャセイ号」でニューヨーク港を出帆、横浜に到着し、成仏寺に住んだ。ヘボンが住む本堂を折半する形で住居を整えた。

一八六二年一二月九日のヘボン書簡には、アメリカ領事館から通知が来たことが記されている。横浜の役所からの依頼で、日本の一団に幾何と化学を教える意向はないかということだった。この話があったのは、二か月前の一〇月のことで、どうなるかなと思っていたところ、二週間前に幕府の役人が九人の学生を伴いやって来た。その連中には、戊辰戦争の東征大総督府補佐となって勝利へと導いた大村益次郎、その他に原田一道、沼間守一等がいた。江戸から成仏寺まで騎馬でやって来てはヘボンに教わった。教え始めて分ったことであるが、彼らは極めて熟達していた。第一日目の朝ＡＢＣを教え、数字を一〇〇まで数え、規定の時間が終わる頃、加え算を教え、できるかどうか聞いたところ、一番若い者が鉛筆を取って素早く正確に答えた。乗法をやらせると、その青年はスラスラとやってのけた。除数も慣れたものだった。彼らに計算に熟達した訳を聞いたところ、代数を二次方程式まで完全に理解し、幾何、平面三角、球面三角まで精通していることが分かった。ヘボンは、ここまで高度な知識を蓄えていることが分かったので、数学を教える必要がないと考えた。これらの日本人の学力を凌駕するアメリカの大学生はほとんどいないと言っている。そこで、彼等には英語だけを教えることになった。これらの若者がどのようにしてこれらの知識を習得したかというと、江戸の蘭学者と蘭書を通じて知識を習得していた。西洋の知識と学問に対する好奇心は、他国民の及ぶところではないという感想をヘボンが述べている。竹本知行氏の『大村益次郎』には、当時は攘夷論の盛んな時で、英語を学ぶ者は身辺が危険であったが、学問に熱心であった大村益次郎は寒暑を厭わず、約一年間、往復五〇キロを騎馬で江戸から神奈川まで通ったことが記されている。

毎日これらの青年がやって来る。その時一人の役人がやって来て、授業中室内に座り話を聞いている。その理由はヘボンがキリスト教を教えていないかを調べるためであった。ヘボンが椅子に座り、九人の武士たちは床に座って聞いていた。このようにヘボンは、約一年間英語を教えた。キリスト教を教える努力をしないまでも、英語の綴り字などの教本にキリスト教のことが書いてある。ヘボンはこの箇所を飛ばさないで読んだ。青年等もこれを読み、彼ら自身で説明して理解していた。こうしてみると、これも一つの宣教事業になっていると見ていた。

一八五八（安政五）年一〇月九日、日仏修好通商条約が締結され、パリ外国宣教会のジラール神父が来浜し、一八六二（文久二）年一月一二日、横浜居留地八〇番に天主堂を建立し、落成式を行った。幕府は、居留地において外国人が自ら礼拝しても差し障りないものの、日本人がキリスト教を受け入れることに強い警戒の念を抱いていた。横浜の天主堂は、異国情緒溢れる珍しい建物であったので訪れる者が多かった。一八六二年二月、神奈川奉行は天主堂を襲い五〇余名を捕らえた。これを天主堂事件という。その後、フランス領事の抗議によって同年三月五日に釈放されたが、天主堂への立ち入りを禁止した。また長崎でも一八六五年二月一九日、大浦天主堂が完成、そこへ信仰告白する者が出てきて浦上キリシタンの発見となった。宣教師に「ここにおります私共は、全部あなた様と同じ心でございます」と呼び掛けた（『プチジャン司教書簡集』）。これはキリシタンの子孫との劇的な出会いとして、あまりにも有名な出来事である。キリシタンの発見が分かると、長崎奉行は日本人信者を捕縛、いわゆる浦上四番崩れといわれるもので、多くの隠れキリシタンが流刑に処せられ、六年に及ぶ事件となった。

一八六八（慶応四）年、四〇一〇名のキリシタンが三四藩に振り分けられ移送されて刑に服せられ、一八七三年二月、切支丹の高札が撤去され釈放されるまで続いた。（五野井隆史『日本キリスト教史』吉川弘文館より）

◆井伊大老暗殺と生麦事件

井伊直弼が大老となって、日米修好通商条約を締結し、徳川慶福《よしとみ》を将軍継嗣《けいし》に定めた。それに対し、孝明天皇は調印に激怒、幕府の違勅調印に非難が高まった。井伊は弾圧に出た。徳川斉昭《なりあきら》・松平慶永《よしなが》らを蟄居・謹慎に処すと共に、越前藩士橋本佐内・長州藩士吉田松陰・若狭小浜藩梅田雲浜《うんぴん》等を処刑、処罰した者は一〇〇名を超えた。この弾圧に憤慨した水戸藩浪士たちが、一八六〇（安政七）年三月二四日、桜田門外で井伊を暗殺、これによって幕府の専制政治は行き詰まった。幕末・維新期において尊王攘夷思想、即ち君主を尊び外敵を打ち払う思想が政治運動の理論として大きな役割を果たした。そのため、各地で外国人を殺害する事件が起こった。一八六一年一月一五日夜、ハリスの通訳をしていたヒュースケンがアメリカ公使館への帰途、攘夷派浪士らに暗殺された。晩餐に呼ばれて遅くなって家に帰ったが、夜九時頃要撃された。三人の警官が馬に乗って警護し、四人の者が提灯を下げていたにもかかわらず、七人の暴漢に襲撃された。ハリスは有用な助手を失った。ヒュースケンは人好きのする悪気のない人物で、日本人にはとても人気があり、復讐をされるような恨みを受けることはなかった。この殺害の原因は不明であるとヘボンは書いている。また、同年七月五日、第一次東禅寺事件が起こった。水戸脱藩浪士有賀半弥ら一七人の浪士がイギリス仮公使館のある高輪東禅寺を襲撃、公使館書記官オリファントと長崎の領事モリソンが負傷、賠償金一万ドルと幕府の経費で適当な地に公使館を建設することで決着した。

さらに、一八六二年九月一四日（文久二年八月二一日）には生麦事件が起こっている。この事件は攘夷事件というより偶発的な事件だった。東海道沿いの武蔵国橘樹郡生麦村（横浜市鶴見区）で起こった外国人殺傷事件で、薩英戦争にまで発展した。京都に向けて江戸を出た薩摩藩島津久光一行が神奈川にやって来た。そこで四人のイギリス人が殺傷された。上海在住のイギリス商人チャールズ・レノックス・リチャードソン、横浜在住の生糸商人マーシャル、マーシャルの義妹で香港在住のイギリス商人の妻ボロデール、横浜のハード商会勤務のクラークが大名行列に遭遇した。この連中は川崎方面に向かい、六郷川まで行って川崎大師を見物しようと出かけた。ところが、大名行列と出会ってしまった。生麦で島津の大名行列に差し掛かった時、最初に声掛けがあり、殿様の方に向かっていくうちに次第に行列の幅が広くなり、道いっぱいになる。始め彼等は道路の脇にいたが、立派な駕籠が迫り行列が道いっぱいになるので、行列に入ってしまった。生麦事件については研究書や小説にも多く取り入れられている。司馬遼太郎は「きつね馬」という島津久光を取り上げた短編小説を書いている。四人の異人男女が騎馬でやって来た。日曜日だったので川崎大師までの遠乗りを試みた。行列の先頭と接触し、久光の駕籠がとまった。「どうした」と籠の中で小さな声で言った。駕籠のわきには供頭《ともがしら》の奈良原喜左衛門がいた。「先頭でなにをさわいでおるか」と奈良原がどなった。「先頭のほうで、異人が馬を乗り入れております」という答えが返ってきた。その旨を久光に言おうとすると、それより早く久光が引戸をあけ、「斬《や》れ」と命じ引戸をしめたとなっている。それに対し、「吉村昭の『生麦事件』では、風説に過ぎないものを基に書いているとしてこの説を否定している。吉村は、『生麦事件』を書くにあたって多くの資料を参考にしている。そこでのスタンスはできる限り資料をして語らせる形を取っている。」（青木永久「吉村昭の文学と〈生麦事件〉」京浜歴史科学研究会編『近代京浜社会の形成―京浜歴史科学研究会創立二〇周年記念論集』岩田書院）

いずれにしても島津久光の駕籠の近くになると、行列に入ってしまったので、無礼者ということで、奈良原喜左衛門ら数名の薩摩藩士が斬りつけた。先頭のリチャードソンは深く斬りつけられた。リチャードソンは早くも二創を受け、一創は腹部の大傷であった。マーシャルとクラークもそれぞれ左腕、左肩に一創を受けた。マーシャルたちはボロデール夫人、クラークを先頭に夢中で逃走、マーシャルはリチャードソンと馬を並べて走ったが、暫くしてリチャードソンは落馬、腹から臓腑が出て身動きせず、絶命したと思い、クラーク、ボロデールの後を追い、神奈川宿の入口で追いついた。男二人は神奈川青木村のアメリカ領事館の本覚寺に逃げ込んだ。ボロデールは、半狂乱で馬を飛ばし横浜居留地のガワーの家に逃げ込んだ。これが午後三時半頃であった。役人の一人が成仏寺に住むヘボンを呼びに走った。その頃ヘボンは、S・R・ブラウンらと歓談していた。領事に呼び出されて本覚寺に駆けつけると、二人とも血にまみれて寝かされていた。一人は肩の骨に達するところまで斬られ、もう一人は背と腹、脇などを刺されて出血がひどかった。ヘボンが出血を止め、傷口を縫い合わせた。

かつて少年時代ヘボンの所で英学を修めた伯爵の林董《ただす》は、佐倉藩蘭方医学佐藤泰然の五男で、泰然はヘボンと医学上の交流があった関係から董が一三歳の時、ヘボン夫人について英語を学んだ。林董は横浜居留地のヘボン邸でクララの世話になっていたので事件について伝え聞いていたのである。林はのちに「伯爵林董の生麦事件に対する意見」（徳富蘇峰『近世日本国民史 維新への胎動（中）』講談社学術文庫）の中で生麦事件について書いている。前述の四人が香港に帰る以前に江戸を見物したいという。林董は、ヴァンリードという米人で日本通と自認している者がリチャードソンより先に島津の行列に逢った。「直ちに下馬して、馬の口を執り、道の傍らに佇み、駕の通る時、脱帽して敬礼し、何事もなく江戸に到着」したという。ヴァンリードは江戸に到着した後生麦事件を聞き、「倨傲《きようごう》無礼の為めに、殃《わざわい》を被りたるは、是自業自得なりと予に語れり」と述べている。恐らくリチャードソンらに滞日経験があれば、このような事件は起こらなかったと思われる。ちなみにリチャードソンは、上海においてアスピノール・マッケンジー商会で働きかなりの富を得て帰国する途中の事で二八歳であった。
彼の墓は、横浜外国人墓地の一番下に位置する二二区三〇の場所にある。重傷を負ったクラークは左手が不自由になったが、事件の翌年ハード商会同僚であったフーパーとフーパー&クラークという商会を設立した。四年後三三歳で死去、同墓地の二二区一に埋葬された。マーシャルは外国人商業会議所の会頭を歴任、マクファーソン&マーシャルという商会や保険代理業を営んだ。一八七三年四六歳にて死去、二〇区五六の場所に眠っている。(斎藤多喜夫『横浜外国人墓地に眠る人々』有隣堂　二〇頁参照)

3．横浜居留地

◆横浜居留地に移転

井伊直弼が横死した後、老中安藤信正が朝廷と協調して政局を安定させようとし、公武合体政策をとり、孝明天皇の妹和宮を将軍家茂の夫人とすることに成功した。しかし、尊王攘夷論者から批判を呼び、一八六二（文久二）年一月、坂下門外で襲われて失脚した（坂下門外の変）。その後、朝廷と幕府に縁の深い薩摩藩の島津久光が登場し、幕府政治に乗り出した。松平慶永を政事総裁職、徳川慶喜を将軍後見職に任命し、京都の治安のため京都守護職を置いて会津藩主松平容保《かたもり》を任命、参勤交代を三年に一回に変更、西洋式軍制を採用する改革を行なった。一方、尊王攘夷派の中心的存在である長州藩は朝廷を動かし、攘夷の決行を幕府に迫った。幕府は、一八六三年、諸藩に攘夷を決行するよう命じた。これを受けて長州藩は、下関海峡を通過する諸外国船を砲撃。薩摩、会津両藩は、同年九月、朝廷内の事件を抑えて長州勢力と公卿の三条実美らを京都から追放した。長州は勢力回復のため翌年京都を攻めたが、薩摩・会津両藩に敗れた（禁門の変・蛤御門の変）。幕府は尊攘派を叩くために長州征討の勅命を出し、また列国も貿易の障害になっている尊攘派に打撃を与えるためイギリス・フランス・アメリカ・オランダ四国連合艦隊が下関を砲撃した（四国艦隊下関砲撃事件）。このような状況下において、長州藩は幕府に謝罪の態度を示し、薩摩藩は生麦事件の報復のため鹿児島湾に来航したイギリス艦隊と交戦し大きな損害を被った（薩英戦争）。ここに攘夷が不可能なことが明らかになった。一八六五年、通商条約の勅許をしない朝廷に対し、イギリス・フランス・オランダは兵庫沖に艦隊を送り、通商条約勅許を勝ち取った。

長崎にいた宣教師フルベッキは、このような危険な状況の中で、一八六三年四月には出島のケンペル邸に退避、五月には上海に避難し、同年一〇月一三日に長崎に帰ったが、一戸を出島に借りるというようにして身の危険を守った。横浜では居留地への移転が急がれた。一八六二年四月二日のヘボン書簡を読むと、政府より横浜に移転するように絶え間ない圧力があることをミッションに報告している。幕府は、神奈川は旅籠があって便利だが、尊王攘夷の思想が盛んな中にあって外国人の身を守るために一刻も早く居留地を作り、そこに外国人を押し込めることを考え、横浜も神奈川だと言って居留地を造成したのであった。一八六二年一二月二七日、ヘボンは「目下横浜の宣教師館に移転中です」と、ミッション本部に報告、同年一二月二九日に引っ越した。

ヘボンは、山手に家を建てるとなると不便になるので平地を希望し、町中で最も良い区画を二五〇〇ドルで購入した。その場所は、横浜居留地三九番で運河に谷戸橋が架かっており、それを渡ると山手に通じる立地的に良い所である。現在では「人形の家」の裏手の合同庁舎がある所である。掘割に面した所に施療所を建てた。この建物は、間口二二フィート、奥行き三二フィートで校舎や礼拝堂としても使用した。それにヘボンたちが住む住宅がある。応接室、食堂、書斎、居間、台所、それに続いて下男の台所と居間、馬小屋が建てられた。度々地震があることから二階建てではなく平屋にした。ヘボンはなかなか賢明で、先ずヘボンが手を打って土地を購入し、それを長老ミッションが買い取る形を取りミッションの財産とした。建物が建った頃は二倍に値上がりしていた。

　ヘボンによる幕府の委託生である大村益次郎等九人の子弟の教育については、横浜居留地に移っても引き続き行われていたが、一八六三年四月二九日のヘボン書簡を見ると、「学校は閉鎖した」と報告している。「生徒たちは江戸に戻されて幕府の下で色々な仕事に就いた。そのうちの四人は軍隊に入った。わたしも暇ができたので、マタイ伝の翻訳に着手し、和英辞書に取り掛かり、施療所は開いていないが暗雲が去り次第専念する」と述べている。「社会情勢を見ると、今年は日本の歴史における重要な年となるであろうという。第一には全国の有力な大名と江戸の大君が都に集まって大評定を開き、諸外国との条約をどう扱うかを決めるものとなる。第二には、イギリス政府はリチャードソン殺害を中心とする侮辱に対し、十分な賠償を要求する決意を示した」と述べている。結局、生麦事件はイギリス公使ジョン・ニールが犯人逮

明治初期のヘボン邸　居留地 39 番（横浜開港資料館所蔵）

捕と被害者遺族への賠償を要求したが決裂した。一八六三（文久三）年八月一五日、薩英戦争へと発展、イギリス艦隊七隻が鹿児島を砲撃、薩摩藩も応戦し、双方に大きな損害をもたらした。横浜のイギリス公使館で講和が成立、幕府は謝罪をした上に一〇万ポンドの賠償金を支払い、薩摩藩は幕府からの借入金で二万五〇〇〇ポンドを支払った。その後、薩摩藩は開国、大英接近の方針を取るようになった。

では成仏寺にいた同じ宣教師の移転はどうだったのだろうか。ゴーブルは早々に、一八六二年三月、横浜居留地一一〇番に家を建てて移転した。ところが、J・H・バラ一家、S・R・ブラウン一家は、移転先を見つけることができず、一八六三（文久三）年六月一日、アメリカ軍艦ワイオミング号で強制的に移送された。その場所では、アメリカ領事館の一部となっている日本家屋を借りることになったが、その後何度も引っ越すことになる。同年五月二八日には、宣教師のタムソンが神奈川沖に到達し成仏寺に入った。しかし、翌六月、タムソンもバラやブラウンと一緒に強制退避させられている。彼は長老教会の宣教師だったので、横浜居留地三九番のヘボン邸に転居したのであった。

一八六三年三月三〇日、一八か月以上もの間留守にしていた最愛の妻クララが横浜に戻ってきた。ヘボンは横浜の居留地へ移ってから、成仏寺にいた時と違って寂しい思いをしていた。「ほとんど二か月以上も、この宣教師館で、たった一人で暮らしてきたのです」。横浜には気の合う人が独りもいない孤立した中で生活していたので、クララが戻って来るのを首を長くして待っていた。クララは、一年半ぶりに日本に戻ると、新居に落ち着き、この年の九月から英語のクラスを再開した。考えて見れば、クララは来日早々の一八六〇年春、成仏寺で大人と子供の五人に英語を教え始めている。しかし、前述のように、一八六一年九月にアメリカに帰国したため、このクラスは中断された。クララが再開した英学塾は「ミセス・ヘボンの学校」と呼ばれた。当時ヘボン邸では、クララの英語クラス、ヘボンの医学生指導、それに加えて日曜学校が開かれて賑わいを呈した。ちなみにクララに学んだ生徒を見ると、後年活躍した人物が英語を学んでいることが分かる。

一八六四年四月四日、スレーターの妻アンナへの手紙には、ヘボン邸の花壇は私にとっての慰安であり、仕事の源泉であると言っている。クララがアメリカから戻って一年が経過、落ち着いた生活ぶりが見られる。その様子を見ると次のようである。

「わたしの作ったすばらしい苺畑をお見せしたい。今年はぶどうの樹からその実をたくさんとれると期待しています。いま花が咲いています。庭畑には、とうもろこし、砂糖大根、トマト、セロリ、いんげん、えんどう、辛し菜、玉ねぎ、レタス、その他多くの野菜類を植えています。ある婦人から二十六種の草花の種をいただき、オールコック夫人からは先週百十一種類の種をいただきました。（中略）園芸をしている時ほど幸福なことはありません。こうした多くの美しい花を地上に満たしてくださるわれらの天の父が、どうしてわたしを導いてくださらないことがありましょう。」（一八六四年四月四日付ヘボン書簡、『ヘボンの手紙』）

◆横浜英学所

一八五八年の安政五箇国条約にともなって運上所が開設された。これは船舶の管理や貿易、関税関係の事務を行う所である。この運上所の開設は、税関業務を行うにあたり、英語で全ての業務を担う人材が必要となる。一八六〇（万延元）年七月一八日、米国公使ハリスが老中脇坂安宅・同安藤信正に対し、英語伝習を行う必要があると話し、ヘボンとS・R・ブラウンの両宣教師に依頼したいと伝えた。このハリスの申出によって、一八六二（文久二）年一〇月、横浜運上所官舎前に横浜英学所が認可された。しかし、ヘボン、S・R・ブラウン、タムソンの各書簡を見ると、実際の開校は、一八六四年七月からであった。横浜英学所は横浜アカデミー（Yokohama Academy）といわれた。その目的は英語通訳の養成にあった。この教師にはヘボン、S・R・ブラウン、J・H・バラ、タムソン等四人の宣教師が担当した。また日本人通訳官も教師に任命された。ではどのような教育を展開していたのだろうか。一八六四年七月のヘボン書簡には次のような記述がある。

「タムソン氏はわたしどもが組織したばかりの学校で、最近算術のクラスを担当しています。タムソン氏はオランダ改革派教会のブラウン氏とバラ氏と共に、この仕事を毎日一時間ずつしております。ブラウン氏は文法のクラスを、バラ氏はABCのクラスを持っております。（中略）いま申し上げた学校はわたしが幕府の役人に勧めて始められたものですが、最近になってやっと承認され、学校が設立されることになりました。現在では幕府の全幅の賛成を得て開始され、その生徒はすべて政府の用人で《ママ》、主として運上所関係の役人です。生徒総数は目下二五名です。」（一八六四年七月二五日付ヘボン書簡、『ヘボン在日書簡全集』）

英学所の目的は、通訳官の養成にあり、音声中心のオーラル英語で、英語科目としては入門英語、訳読、英作文を教えた。そのほか算術、代数、地理、博物の諸科目を増設していった。我が国の伝統的な長崎通詞の教授法は、先ず文法を学習させ、次いでその知識と辞書を用いて訳読の力を養う方法を取ったが、横浜アカデミーでは実践的なオーラル・イングリッシュが中心であった。

教科書は、一八六四年八月二五日のブラウン書簡によると、ブラウンが出版した『日英会話篇』を使っている。「わたしの著作が授業に役立ちます。そして、生徒六人がそれを買っています。なかなか興味を持っているようです。素質のよい生徒たちを扱う機会に恵まれて、嬉しく思います」と述べている。また同じ書簡で、クラス全体のものがスペンサーの英文法を一〇冊、アメリカから取り寄せている。一八六五（慶応元）年三月一六日のヘボン書簡には、「S・R・ブラウンが長崎に出張したので、ヘボンは毎朝一時間、英学所で英語の教授をしていると報告。クラスの人数は二五名で、その多くは成年男子で、運上所の通訳とか政府の役人である。彼らはその教科書からたくさんの聖書の真理を拾い上げていると記している。タムソンは、午後このクラスを教え、算術や求積法を終わり、現在代数を学習し始めた」といっている。ヘボンはここで「わたしどもの奉仕は今のところ無報酬です」といい、幕府は一、二度金銭を教師に贈ったことがある程度で、奉仕的なものであった。ちなみに、英学所で学んだ安藤太郎がその様子を回顧している。安藤は、香港領事、ハワイ領事、外務省通称局長を歴任、禁酒運動家でもあった。彼が言うには、英学所の教場は「見る影もなき長屋」で、破れ畳のうえで教えていたということから、ひどい官舎であったことが分かる。

さらに一八六五年六月になると、「ブラウン氏、バラ氏、タムソン氏と私自身とが、無料でこれに従事しています」と記し、四〇名の生徒で五クラスに増設された。ヘボンは日本人の青年一クラスに地理を教え始めたと言い、次第にカリキュラムが充実していった。ヘボンは、この学校の生徒と妻クララの家塾の生徒五名ばかりで、バイブル・クラスを始めた。毎日曜日に一時間ぐらいの会で、創世記から始めた。横浜では、安息日に三か所で礼拝が行われていた。プロテスタント教会のユニオン・チャーチでは、アメリカ領事館において、S・R・ブラウンが礼拝を担当していた。ほかにイギリス聖公会、ローマ・カトリック教会で礼拝が行われていた。聖公会やカトリック教会の会堂には日本人がその戸口に集まって見ている状況にあった。ヘボンが始めたバイブル・クラスは数週間続いたが、ついに政府の役人の命令でヘボン邸に来ることを禁じられてしまった。聖書も焼くようにように言われたが、聖書は焼かなかった。彼らは、英語の勉強を続けるために英語の聖書を求めたのであった。順調に進んでいた横浜英学所は、一八六六（慶応二）年一一月の大火で類焼し、その教育は廃止された。その後、一八六七（慶応三）年、横浜表語学所が開かれたが、前述の四人の宣教師はここで教えることはなかった。

4. 施療と日本の伝道

◆再び施療

前述したように、ヘボンは一八六一年四月から宗興寺において施療を開始したが、同年九月で閉鎖に追い込まれた。その後、一八六二年一二月末に横浜居留地に移転した。移転して間もなく施療を開始した。ヘボン邸と施療所の建築費用は、一六一〇ドル、庭の整備、薪小屋などを含めて総額で一九二八ドル掛かった。その時の給料を見ると、ヘボンが九〇〇ドル、一緒に住むことになるタムソンは六〇〇ドルを受け取っている。一八六四年四月一三日のミッションへの報告では、「毎日、日本人の患者を診ております」と書いている。同年七月、「毎朝私の施療所に二〇人ないし三〇人の患者が来ます」。同年一一月一五日にクララが代筆した手紙によると、朝は七時から施療所を始める。夜は一〇時まで勉強したり施療所で働いていると書いている。その間、「彼の健康の万能薬である遠くまでの散歩は別として」と健康を維持するのため散歩を楽しんでいる。ちなみに遊歩規程がある。日米修好通商条約の七条にこの規定があるが、神奈川は「六郷川筋ヲ限リ其他ハ各方へ凡十里」（三九・二キロ）とされていた。横浜居留地に住む外国人のその遊歩範囲は、東は多摩川、西は小田原の酒匂川と言われていた。

一八六五年一〇月の施療所の様子を見ると、ヘボンが次のような報告をしている。

「施療所は満員の盛況です。患者は一日平均三五人、その一〇分の六は眼病で、かなり多くの手術を行いました。腕の切断は一回、兎唇《みつくち》の手術一回、弾丸の摘出一回、白内障の手術四回、痔の手術数回、その他直腸炎の手術および瘢痕性内反や翼状片などの眼疾の数々、おできの切開、抜歯、膿瘍《そこひ》の切開などでした。」（一八六五年一〇月一三日付ヘボン書簡、『ヘボン在日書簡全集』）

患者は色々な所から来て、何らの監視もなく、あらゆる階級の人たちがやって来た。また五人の医学生がヘボンの臨床医学を見学、皆研究熱心な青年であった。ところで、ヘボンの父ジェームスは、四五年間ペンシルヴェニア州のミルトンに住んでいたが、一八五六年二人の娘が住むロック・ヘブンの町に移転した。しかし、一八六五年一〇月一六日ジェームスが死去、続いて妻アンが、一二月五日に同地で亡くなった。父親を失う悲しみの中にあって、また慌ただしい生活の中で、同年一〇月二七日ヘボン夫妻の銀婚式がやって来た。クララの記述には、神様がこのように長年にわたる幸福な結婚生活を与えて下さったことを感謝し、「何よりも、一人息子のサムエルが一緒に祝ってくれて大きな慰めを得た。クララは、息子は物静かで、なかなかしっかりしていて優しい息子である。就職もでき、彼が本当のキリスト者になってくれれば、私どもの幸福の盃は溢れるばかりになるでしょう」と告白している。

この年の一一月五日、横浜で最初の信者となった矢野隆山《りゅうざん》の洗礼式にヘボンが立ち会った。矢野は、多年鍼灸医者で宣教師たちの日本語教師をし、最初はS・R・ブラウンの教師をし、その後三、四年はオランダ改革派教会のJ・H・バラの日本語教師として働いた。矢野の健康が一年前から衰えてきていた。ヘボンは最善の西洋医術を施してきた。この一一月五日安息日の朝、バラとヘボンが矢野を見舞に行った。その時、熱心に洗礼を志願したのであった。ヘボンによると、矢野さんは「主イエス・キリストを救いの唯一の道と信じました。そして仏教その他の誤った教えを全く否定するという明確な信仰を言い表したので」、二人とも水で洗礼を授けるのを誰が拒み得ようかと述べ、父と子と聖霊の名によって、矢野に洗礼を授けた。しかし、これを神奈川奉行に知られたら矢野自身と家族に身の危険が降りかかるので心配したが、その決心はひるまず、彼の妻、息子、娘もその席に連なってこのことを承認したのであった。キリスト教に反感を持っているこの国で、洗礼を受けることは死刑を意味し、その家族も同じ刑に処せられることは疑う余地がなかった。ヘボンは病床にある矢野の洗礼式に立ち会い、その前にバラが日本語で祈祷を捧げた。「海岸教会人名簿第一号」には矢野元隆と書かれ、括弧して隆山と記載され、間もなく死去した。ちなみに本来の名は元隆であったが、ヘボンはYano Riuzanと書き、バラはYano Riusangと書いている。

一八六六年一一月二六日、横浜に大火があった。火元は末広町の肉屋であった。ヘボンの報告では、横浜居留地の三分の一、日本人市街の五分の三が焼失した。ヘボン邸の宣教師館は難を逃れたが、息子サムエルとタムソンは家財道具を取り出したほどであった。この時、バラは米国領事館に住んでいたが、大火で全焼。説教原稿、書物、衣類、家具などもすべて焼失した。痛かったのは、聖書翻訳の原稿で、また振り出しから始めなければならなくなった。S・R・ブラウンは難を免れたが、翌年の四月ブラウンの住宅が火事に遭遇して全てを失った。しかし、ブラウンは、娘のラウダーの家にいたので、福音書の和訳原稿の一部は免れた。翌五月、ブラウンは住宅が焼失したためアメリカに帰国した。

一八六六年一〇月ヘボン夫妻は、日本初の和英辞書『和英語林集成』出版のため上海に出発。翌年五月、『和英語林集成』と『真理易知』を出版、日本に戻り、施療所を再開している。一八六七年一〇月、施療所は日曜日を除いて毎朝診療に努め、一〇時半あるいは一一時、時には一二時まで開いている。同年一〇月一二日の報告を次に紹介したい。

「患者は大体以前と同数で、晴天の時は一日三〇人ばかりです。患者は各地からやって来ます。病気はおもに慢性でその多くは不治の病人です。眼や耳や皮膚の病気が多く、その他梅毒、瘰癧《るいれき》、結核、胃病、リューマチの類です。手術はかなり多く行いましたが、その中でも、今年は下顎の一部分を切断したのと腿の手術をしたのと、二つがそのおもなものでありました。」（一八六七年一〇月一二日付ヘボン書簡、『ヘボン在日書簡全集』）

ヘボン氏手術図（武田科学振興財団　杏雨書屋所蔵）

一八六二（文久二）年、歌舞伎役者三代目澤村田之助が『月缺皿恋路宵闇《つきのかけざらこいじのよいやみ》』（紅皿欠皿）を演ずる舞台で、宙乗りの演技中に落下、その怪我が原因で傷を負い、江戸の松本良順に治療してもらったが病が癒えず、一八六七年一〇月にヘボンの所に来た。病気の原因は脱疽であった。ヘボンと親交があった佐倉の医者で順天堂の創始者佐藤泰然を通じてヘボンを紹介した。ヘボンの執刀により右足膝上まで切断し、翌年アメリカのセルフォ社から義足を輸入し、義足をはめて舞台に立った。その義足の代金は当時の金額で二〇〇円であったという。澤村は、その御礼興行を横浜関内芝居小屋「下田座」において開演した。出し物は「奥州白石噺」であった。狂言中姉妹対面の場で、宮城野に扮した澤村田之助が横浜御礼の口上を述べ、非常な喝采を博したという。その後、田之助は義足をはめて舞台に立ったが、脱疽の病は癒えず左脚も病み、最終的には両足、右の手首から先、左手の小指以外の指をことごとく失い、それでもなお女形として成功を収めた。しかし、病状は回復せず、最後は病の悪化とともに精神にも変調をきたし、一八七八（明治一一）年七月七日、三三歳で死去した。ヘボンは田之助の病状を心配し、最後まで面倒をみた。猿若町の紀伊國屋の芝居茶屋を訪ね、若干の見舞金を贈った。ここに掲げた絵図は、シモンズを助手にヘボンが行った二度目の手術の様子を描いたものである。

ヘボンの報告には、施療所の資金のことが記述されている。施療所で嬉しいことには、「わたしが金のいることをほのめかすと、何時でも援助してくれる友人が気前よく金を出してくれる」という。イギリス公使ハリー・パークスより一〇〇ドルが贈られ、スミス・アーチャー商会のアーチャーから五〇ドル、フランク・ホールから一〇五ドルの価格の薬品が寄贈された。このように援助してくれるので、施療所の一年間のミッション経費は五〇ドル程度で助かっている。

ヘボンの周りには、いつも医学生がいて、この当時八人の学生が薬の調合や小さい手術の助手を務めて教育している。一八六八（明治元）年三月、ヘボン邸の後方にある施療所を一〇〇ドルでタムソンに売渡し、新施療所をヘボン邸の横に建てた。さらに旧施療所の敷地に立派なストーブ煙突二つ付きの宣教師館を建てた。このように、施療所にたくさんの患者が来るようになると、困ったことにヘボンが留守をした時に、彼に替って施療所を担う者がいない事だった。一八六九年六月クララがヘボンに代わってミッションに手紙を送っているが、「病人や足の不自由な人たち、目の不自由な人たちが一日に四〇人から五〇人、夫の留守の間にやって来る。毎朝そのような人たちがやって来るのを見るにつけ、治療ができないのを考えると心が痛む」と嘆いている。一八六九年二月から同年九月までの七か月間、ヘボンが単身帰米している。何のための帰米か、彼の書簡から窺うことが出来ないが、ヘンリー・ルーミスと一緒に旅行している。その後、一八七二年五月にルーミス夫妻が来日し、一八七四年九月に横浜第一長老公会が創立するのである。来日以前からヘボンはルーミスを知っており、日常生活に必要な身の回りの品物をルーミスに頼んでは送ってもらう間柄であった。ということを考えると、ルーミス来日の意志を確認した旅行であった可能性が高かったと思われる。

ヘボンの名を世に知らしめたものに「精錡水《せいきすい》」という目薬がある。「精錡水」を世に広めたのは、のちに新聞記者となった岸田吟香であった。岸田は一八三三（天保四）年に生まれ、一八歳で江戸に出て林図書頭《ずしよのかみ》の塾に入り、水戸藩の藤田東湖と交わった。一八六三（文久三）年四月、目を病んだ。神田一ツ橋の洋書調所に勤める箕作秋坪《みつくりしゆうへい》の勧めでヘボンに受診してもらった。視覚を失うところであったが、ヘボンの治療を受け一命をとりとめた。それが縁となって『和英語林集成』の出版に関わった（後述）。

◆日本基督公会とヘボン

一八七二年三月一〇日、日本人による最初のプロテスタント教会が創立された。その名を日本基督公会といった。現在の横浜海岸教会である。ヘボンは、前年の一一月から『和英語林集成』（二版）出版のため上海に行き、七二年七月に帰国しているので、この建設式に出席できなかった。

同年二月一〇日（旧暦一月二日）、塾生の篠崎桂之助が、ジェームズ・バラを訪ねて年頭祈祷会を開きたいので正午から一時まで会堂を貸してほしいと依頼した。それは、外国人の年頭祈祷会を見てのことだった。バラは喜んでそれに応え、一緒に祈祷会を持った。これが日本人による最初の年頭祈祷会で、小会堂で開かれている。この祈祷会は、月から土曜日までバラが「使徒行伝」の講義をし、共に祈った。日曜日は朝礼拝後、午後小会堂で祈祷会を持ち、夜は山手四八番のアメリカン・ミッション・ホームで行われた。まだ受洗もしていないのに祈りをし、やがて洗礼を受けたい者が続出。一か月余り続いた三月一〇日の日曜日の礼拝後、午後三時、バラから受洗、それより以前に受洗していた小川義綏《よしやす》、仁村守三《もりぞう》を含めて一一名によって日本基督公会が創立され、バラが仮牧師になった。長老には小川が、執事には仁村が選ばれた。まだ切支丹禁制の高札が撤廃されていなかったので、諜者と言われるスパイが入り込んで受洗をし、それを政府に報告していた。執事になった仁村は、肥前国の浄土真宗本願寺の僧侶で、仏教界から送りこまれた諜者であった。また受洗者の中の安藤劉太郎（関信三の偽名で諜者）も、三河国の東本願寺安休寺出身の僧侶であった。安藤は、のちにロンドンで学び、帰国後、東京女子師範学校（お茶の水女子大学）の英語教師になり、一八七六年同校が附属幼稚園設立した時、監事となり幼稚園教育の先駆者と言われている。

一八七二年三月に創立した時「公会定規」を、その秋には「公会規則」を可決した。同年九月、ヘボン邸の三九番において、第一回の宣教師会議が開かれた。そこで、三つのことが決まった。第一には共同訳の聖書を翻訳すること。第二には、教派によらざる神学校の創設、第三には無教派主義による教会形成を目指すことだった。その他には讃美歌の編纂が決まった。聖書翻訳については、一八七四年から動き出した。また、教派によらざる神学校については、一八七七（明治一〇）年に東京一致神学校が創立された。三つ目の無教派による教会形成というのは、超教派的なエキュメニカルな運動を展開することを意味した。実は、この運動を提案したのはS・R・ブラウンであった。この頃、万国福音同盟という教派を超えて教会を形成しようという世界的な潮流があり、この同盟の信条が、日本基督公会の「公会定規」に採用されるという影響を与えている。ではブラウンの持論を紹介すると、日本を福音化するには、日本人牧師を育てることだと言い、ブラウン塾で牧師を育て、「二〇人のブラウン」、それ以上のブラウンを育てたとも言える。のちに日本のプロテスタント教会をリードした集団、横浜バンドを育てた。植村正久、本多庸一、井深梶之助、押川方義《まさよし》、山本秀煌、川勝鉄弥、古澤久治、眞木重遠、藤生金六《ふじお》など多くの教職者を生んだ。

ブラウンは、当時の日本におけるキリスト者の業と努力を一つにする考え方を始めた人で、建設的な一連の短い解決策を提案したのであった。その発言は次の通りである。

「キリスト教会は、キリストにあって一つなのだから、プロテスタントのあいだに種々の教派があるのは単なる偶発事であって、たとえそれが信者たちの一つの生命に影響がないとはいえ、キリスト教の世界における一つの教会をあいまいにする。分派の歴史を理解することのできない異教の地では、なおさらあいまいにするのである。われわれはプロテスタントの宣教師として、著しい相違から起こってくる悪をできるだけさけるために、われわれの宣教の仕方の不変性を守るように熱望しているのであるから、われわれは、この宣教師会議によってもたらされた最初の機会をとらえて、われわれがそれぞれの影響力をできるだけ日本の諸教会の名称と組織の同一性を守るために用いる点で一致したい。われわれはそれを形成する助けを与えるために召されているのであって、その名称は、キリストの教会と同じように普遍的なものであり、その組織はその組織の中で各個教会が同一の教会職制、長老制および総会によって運営されるべきものである。」（W・E・グリフィス、渡辺省三訳『われに百の命あらば』）

そこには、各ミッションの伝道局が日本に宣教師を送り込み、自派の教勢を伸ばしたいという思いが先行して共に歩む形が難しい組織上の問題があった。ブラウンは合同の方向において、彼はアメリカ・オランダ改革派教会から派遣されたもので、同じ神学に基づくアメリカ長老派教会があり、メソジスト教会やバプテスト教会など同じ神学に基づかない教会においても、「合同という基本方針に対する忠実さに基づくべきである」という神学を持っていた。

一八七二年九月二八日のブラウン書簡で、ブラウンは、日本基督公会の教会形成について、出席者の一致を見て恵にあふれた中で終了したと報告している。「内地人教会の名称と組織の一致に関する会議において、満場一致で決議せられたことは、とりもなおさず、日本の教会に不必要な分派を防ぐようにする、最も重要な一段階であると私は考えます」と述べ、「一同は歓喜と神への感謝に満ちて、しばらくは、議事を進めず、いと高きにいます神に感謝の祈りをささげました」と報告している。

しかし、日本基督公会の教会形成、すなわち無教派の教会形成に問題が内在化していたのであった。確かに、ブラウンのリードで無教派主義教会を志向していくことが決まったが、何日も掛かってこの結論が導き出された。その後、日本基督公会を創立させたバラが健康を害した。そこで、一八七二年七月九日、アメリカ長老派教会のタムソンがアメリカから帰って来たので、バラの群れを指導することになった。タムソンは、日本基督公会の運動に全面的に賛成していた人物であった。

ヘボンは同年一〇月二八日、明治天皇に『和英語林集成』と聖書を献上、帰国の途についた。

翌年の一八七三年一一月に日本に戻った。一八七二年一〇月末から、ヘボンが休暇でアメリカに帰ったこともあって、三九番の施療所が空くことになったので、ここで横浜公会の礼拝が行われるようになった。アメリカ長老派教会のルーミスも一二月一五日の礼拝を担当している。クリスマス礼拝において英語で説教し、四人に洗礼を授けている。

翌年の七三年一月の礼拝においてもルーミスが説教している。タムソンは、同年二月三日横浜居留地三九番の宣教師館から東京の築地に転居、日本基督公会の支会としての東京公会を形成するために東京で伝道することになった。タムソンが去った後、バラの横浜公会の信徒たちとルーミスが共に礼拝を守り、祈祷会を行なった。ルーミスは、一八七二年五月二四日にジェーン・へリングと来日、三九番の宣教師館に住み、ヘボン塾で教えた。その生徒の中から教会を担うものが出てくるのであった。バラとの合同の礼拝では、ジェーン・へリングがオルガンを弾き、礼拝後にはルーミスが指揮をとって讃美歌の練習をした。日曜日は朝礼拝、午後三時から三九番で祈祷会、夜はアメリカン・ミッション・ホームで祈祷会を行い、一日三回の集会を持った。ウイークデイも毎日祈祷会を開いていた。このように『公会日誌』を見ると、主日に一日三回の集会を持っていた所に表れているように、エネルギッシュな集会をしていたのであった。ところが、一八七三年五月一八日の『公会日誌』を見ると、礼拝が別々に行われているのを見ることができる。なぜ、日本基督公会の運動を進めていたバラの教会とルーミスの群れが、この日から分かれて礼拝を行ったかの理由を見い出すことができない。

その後、タムソンが牧する教会が、一八七三（明治六）年九月二〇日、築地明石町六番館において、横浜公会の支会として東京公会が設立されることになった。では、その教会はどの教派に所属するのかということが問題となった。その教会は、アメリカ・オランダ改革派教会に所属することになったのである。アメリカ長老派教会の宣教師たちは、この長老派教会から派遣されたタムソンが日本基督公会の支会としての東京公会を創立させたので、ヘボンを始めとして、ルーミス、カロザース、O・M・グリーンたちは、このタムソンのやり方に疑問を持った。日本に新しく創立された教会は、無教派の教会であるので、アメリカのどの教派にも基づかない教会であるならば理解できるが、アメリカ・オランダ改革派教会に所属するとなれば、容認できないと考えたのである。ここに所属問題が浮上したのであった。タムソンは、アメリカ公使館通訳官として働き、長老派教会のミッションから俸給をもらわなかった。アメリカ長老派教会から給与をもらわない形をとって、この東京公会の牧師として働くが、ヘボンを始めとする長老派の宣教師から疑問が出されたのである。ここに、アメリカ・オランダ改革派教会とアメリカ長老派教会の考え方の違いが露呈したのであった。バラやタムソン、その神学思想を支えるS・R・ブラウンたちは、一八七二年九月の宣教師会議で決まった路線に基づいて合同教会を作っていくと考えた。それに対し、ヘボンたちは、このような合同教会を創立して行くことは難しいと踏んでいた。なぜならば、一八七三年になるとバプテスト教会が横浜に創立させる動きが出てくるし、メソジスト教会の宣教師も来日するという状況になった。そうすると、第一回の宣教師会議に出ていない教派は、そこで決まったことを考えずに伝道するので、公会運動は一つの壁にぶつかった。ヘボンたちの教会形成は、各教派が独自に伝道し、協力できるところは協力していく路線を取っていたのである。

一八七三年一二月三〇日、長老ミッション会議が開かれた。出席者はヘボン、ルーミス、カロザース、O・M・グリーン、タムソンとミラーであった。その議論の中心は、今後の長老派の方針を決めるものだった。

「論争の点は、果たして日本基督公会がわたしどものミッションすなわち長老教会と関連して設立されるのであるか、あるいは横浜のもう一つの基督公会の合同の基礎によって設立されるのであるかという点にあります。その点でここのミッションにおいても意見の対立がありました。タムソン氏とミラー氏とはバラの味方で、どのミッションにも頼らない無教派の教会に賛成しました。もっとも教会組織は長老制でありました。」（一八七四年一月三日付ヘボン書簡、『ヘボン在日書簡全集』）

こうして、タムソンとミラーの反対があっただけで日本基督長老会を組織した。米国長老教会伝道局の訓令によって、厦門にある中国長老教会大会に属する日本の中会を組織した。ここに、ヘボンはバラやタムソン等が考えていた合同案が間違っていると指摘したのであった。これに対し、タムソンは在日長老教会ミッションによる日本基督長老教会に反対意見と異議申し立てをした。ヘボンたちが、日本基督長老教会という中会を形成したと言っているが、アメリカ長老派教会の規約に基づいていないとして次のように言う。

「そのような中会形成手続きは規約違反であり、私たちの政治形態の第一原則に根本的に反するという理由で反対します。その中会は形だけの中会以外の何ものにもなり得ないからです。『長老教会政治形態』一二章に、『『中会は』一定地域内のすべての教師および各教会の会衆を代表する治会長老一名から形成される」と定義されています。今、この定義に照らして検証してみますと、今回形成されたこの中会はどのように見えるでしょうか、どこに会衆がいますか、どこに信徒代表者の治会長老がいますか、信徒などおりません。新たに形成された中会には、かつてニューヨークで長老であった男性〔ヘボン〕が一人いるだけです。ミラー師と私はそのとき、主としてその中会が規約に反しているという理由で形成に反対しました。しかし、ヘボン博士、カロザース師、ルーミス師、グリーン師は、私たちに対立して多数派を形成し、それによって日本の中会が組織されたのです。」（一八七四年一月二〇日付タムソン書簡、『タムソン書簡集』）

この規約にあるように、中会というその地域において教会が一つ以上形成され、そこに所属する長老が会議に出席して決めなければならないと定義されている。日本において長老派教会は未だ存在していないのにそうしたことを無視したことは規約に違反していると反論するタムソンの主張は正当なものであった。しかし、現実を見ると、一八七三年になると、同年二月には横浜バプテスト教会が創立され、メソジスト教会の宣教師が来日、一八七二年九月の宣教師会議に列席していなかった教派の宣教師が来日し出して、宣教活動を展開していったことが大きく影響し出したのであった。ここに、日本基督長老会の形成によって同じ神学に基づく教会が、公会運動から手を引いたことによってこの運動は挫折を余儀なくされた。それでも、日本基督公会側は、自分たちの教会を増やしていく中で、同志社系のアメリカン・ボードの教会と連帯を組んで公会運動を進めていった。一八七四年四月には摂津第一公会（神戸公会）が、続いて大阪公会が創立され、それらの公会と連携し公会運動を展開していった。しかし、結局アメリカン・ボードの教会の神学と公会運動を進める日本基督公会との神学の違いが露呈して公会運動を成功に導くことができなかったのである。

ここで指摘できることは、公会運動が展開された時に、アメリカにある各教派のミッションが日本における「無教派の教会」を承認するという路線を取り決めることなく、日本の地だけで考えたところに公会運動が成功しなかった一つの原因があったのである。

その後、一八七六年四月、アメリカ・オランダ改革派教会はアメリカ長老派教会に対し、伝道や教育事業についてお互いに協力し合っていこうという提案をした。それに対し、長老派教会は賛成し、スコットランド一致長老教会にも呼びかけが行われ同年九月、三派が集まって協力することになった。こうして、一八七七年一〇月三日、規則も整って合同が行われて、ここに日本基督一致教会の成立を見たのであった。集まった教会は、九教会であった。日本基督公会側は、横浜海岸、東京新栄橋、信州上田、長崎の四教会、長老教会側からは、住吉町（指路）、東京露月町（芝）、下総法典、東京品川、千葉大森の教会の代表が集まって、この合同教会がスタートしたのであった。

第三章　パイオニア・ヘボン

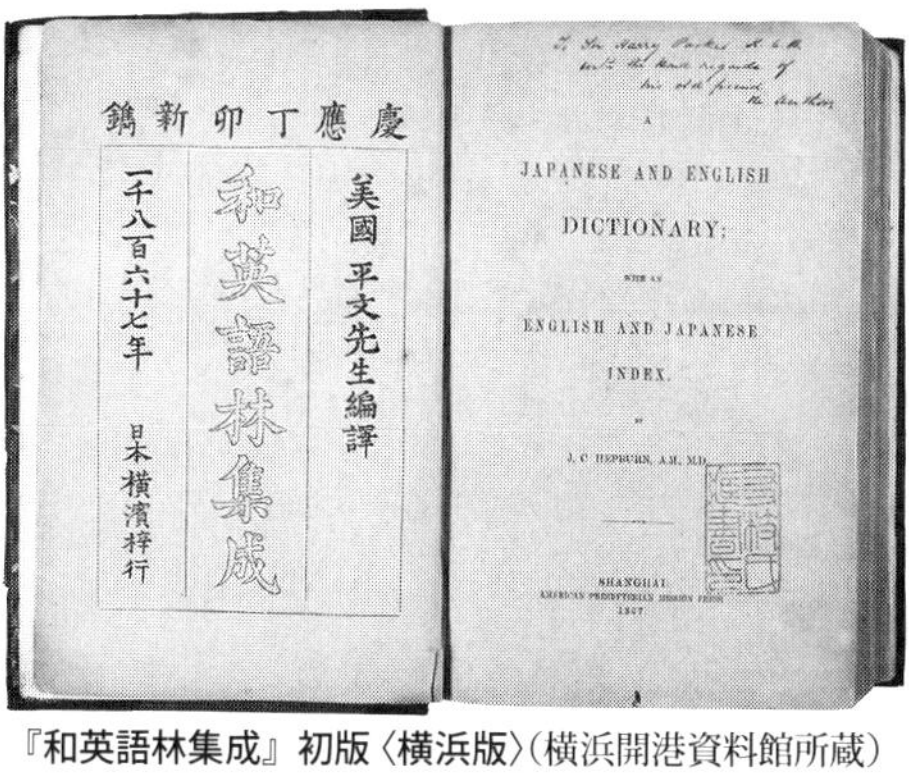

『和英語林集成』初版〈横浜版〉(横浜開港資料館所蔵)

1.『和英語林集成』編纂

◆生きた日本語を集める

一八六〇(安政七)年二月、ヘボンは日本人教師を雇い、日本語の勉強に力を注いだ。『和英語林集成』の編纂に着手、日本語の研究に磨きをかけた。同年一二月「日本語は大変難しくわたしが予想していたよりもはるかに難しい国語だと気がつきました」と述べている。しかし、恐れてはいないと言い、「忍耐すれば日本語に熟達できないことはない。私どもよりも以前に研究した人がいなかったというべきだ」と自信に満ちた姿を見ることができる。彼は、患者と相対して一つひとつ日本語の言葉を英語に置き換えて、ノートに綴っていった。とりわけ、クララが一時アメリカに帰国した一八六一年七月から六三年春に戻ってくるまでの間、ヘボンは一人になったため、この仕事に集中したのであった。彼は、日本字で書いてあるやさしい書物を読む等努力を怠らなかった。

「当地のあらゆる階層の人々から、わたしの辞書がどんなに所望されているかを君にわからせることはとてもできません。外国人はむろんのこと、むしろ日本人からとくに所望されたのです。わたしがこの地に上陸した時から、人々はわたしの所にきて、辞書を求めたのです。

今朝、一人の日本人の役人が、遠い国に住んでいる大名のために三十冊を買いに来ました。日本人は少しも苦労せずに辞書を用いることができるのです。少しの時間で、わたしどものアルファベットをひろい読みできるからです。」(一八六七年五月二五日付ヘボン書簡、『ヘボンの手紙』)

ヘボンは、この辞書を作成するにあたり参照したのは、メドハーストが一八三〇年にバタビアで出版した『英和・和英語彙』、それと一六〇三年にイエズス会宣教師が出版した『日葡辞書』であった。しかし、その大部分はヘボンが出会った人々から得た、生きた言葉を丹念に集めて編纂したのであった。ところが近年、木村一氏の『和英語林集成の研究』で明らかになったことがある。ヘボンは前述の二つの辞書も参考にしたと『和英語林集成』の序文で述べているが、実は『雅俗幼学新書』という日本語の辞書も参考にしたことが分かった。というのは、ヘボンが『和英語林集成』の出版前に、『和英語林集成手稿』を手掛けている。それを見ると、文字の目移りと書き洩らしによる間違いが起こっている。ここでは書き洩らしを拾ってみる。

『和英語林集成手稿』　　『雅俗幼学新書』
「Harakake 當衫」　→　「兩當衫ハラカケ」、兩を書き洩らした。
「Hijiki 角菜」　→　「鹿角菜ヒジキ」、鹿を書き洩らした。

「Herusha 爾西亜」──→「百爾西亜ヘルシャ」、百を書き洩らした。

このように、書き洩らしを指摘することができる。この点からヘボンは、日本語の辞書である『雅俗幼学新書』をも使用していることが分かった。この書を作成したのは、江戸時代の書家・漢学者で知られる森楓齋《ふうさい》という人物であった。

では、ヘボンがどのようにして生きた言葉を『和英語林集成』に取り入れたかの一例を見ることにする。ヘボンは散歩が大好きであった。街路では、子供たちがヘボンに「オハヨー」「アナタ」「ジキジキ」「ドジン」「バカ」などと無礼な言葉で挨拶する。そこには、ヘボンが庶民と対話する姿が見える。ヘボンはことあるごとに「コレハナンデスカ」と問いかけ、ノートに熱心に書き記すのであった。それは、『和英語林集成手稿』に残されている。では具体的にノートに記載した一例を見ると、眼科疾患では、近眼、近め、ハヤリ目、サカサマツゲ、文例としては「目にゴミが入る」、「目に薬をさす」、人体用語ではハラワタ、背骨、大腸、胃、胃袋、脳みそ、肛門、乳房、尿道、背骨、神経と単語を拾っている。また、人間の動きを表現した文例では、「金さえあればいつも極楽（ゴクラク）」、「金を惜しくて使わぬ（オシイ）」、「うらみが心に満ちる（ミチル）」、「威張ってひとを見下げる（イバル）」などを挙げることができる。

愛の訳語では、当時神の愛、隣人愛に相当する日本語がなかった。初版では、キリスト教でいう「神」や「愛」は見当たらず、二版以降にやっと出てくる。親子間、友人間のいたわりとして、「ひとを愛する者はひとに愛せらるべし」と説いた具合である。ここにはヘボンが、患者と会う人ごとに具体的に聞き出して日常的に使っている言葉を捉えて辞書に載せていることが分かる。

◆ウォルシュが出版費用を賄う

一八六二年一月二七日のミッション・レポートでは、辞書編纂の方向性が見えて来た。ヘボンは二年近くの間、辞書編纂の作業に取り掛かってきた。会話や一般文学に出てくるわずかな例外を除いて、考えつく膨大な数の言葉を集めてきた。そして、意味を把握し参照するのに日本語の書物を読んでいる。印刷するのは二、三年かかる。出版を引き受けてくれる個人か団体が本国にあるか知りたいのである。印刷は上海で行うのが良いと考えている。一頁に二列で、八ツ折版の四分の一の大きさで、八〇〇頁ほどの本になると考えていた。

こうして、七年間、単語を蒐集し、それらを分類定義し、日本語の文法上の原則や慣用句に慣れるように努めた。五回も日本語の教師を変えなければならなかった。それらは骨の折れる方法であった。初めて辞書の形で出版するに至る曙を見たのである。ヘボンは、辞書の編纂なくして、聖書の翻訳をすることはできないと考えていた。この辞書の完成の暁には、日本人並びに外国人にとっても最大の恩恵をもたらすことになると確信していた。ヘボンは、一八七二年二月二四日の書簡で、印刷機を送ってくれるようミッションに請求している。一度に八ツ折四頁が印刷できる小型印刷機並びに活字、その他の備品を一揃い送付して欲しいと要請しているが、要求は受け入れられなかった。またヘボンは、この『和英語林集成』の出版費用についてミッションに相談したが、伝道事業として認められず、暗礁に乗り上げてしまった。その時、一八六六年九月、横浜居留地でアメリカ系総合商社のウォルシュ・ホール商会を経営していたジョン・ウォルシュから、親切にも辞書の印刷出版に必要な一切の費用を立て替えてくれ、しかも収支が償えない場合でもあらゆる損失を負担するという申し出があった。ウォルシュ兄弟は、ニューヨークの出身で、弟のジョンが長崎で開港直後ウォルシュ・ホール商会を設立、横浜では兄のトーマスが一八六二年四月一九日、横浜居留地二番にフランシス・ホールとウォルシュ・ホールを設立した。吉田新田の埋立や外米の輸入、一八四番では茶の再製工場を経営し輸出業を行っていた。

出版費用は印刷代が一万ドル、用紙代が二〇〇〇ドルに上った。日本円にすると、当時は一円＝一米ドル。『物価の世相一〇〇年』によると、大工の日当五〇銭、米価一升五銭五厘だという。これにより、出版費用を今日の金額でみると、印刷代が一億円、用紙代が二〇〇〇万円ということになり、莫大な金額となった。しかも、上海で何か月も宿泊して作業をしなければならない費用を考えると、先に示した費用だけでは賄い切れないことが分かる。総合商社の社長ウォルシュは、この辞典は精巧にできていて出版するに値すると考え、必ず採算があると踏んでいたと考えられる。

当時日本では活版印刷をするのは難しく、上海に出掛けて作業しなければならなかった。当時上海には、英人宣教師技師が経営する「墨海書館」とアメリカ人のウィリアム・ガンブルの「美華書院」があった。これは、長老教会関係の印刷所で、数多くの漢籍キリスト教書を出版していた。ヘボンたちはガンブルに手ほどきを受けた。一八六六年一〇月一八日に横浜を出発、ヘボン夫妻と岸田吟香の三人で出かけ、美華書院まで行き出版に携わった。ガンブルは五ミリ角の日本文字を書かせ、まず木で母型を造り、鉛活字を鋳造した。岸田吟香は、日本字がないと版下を書いて工員と活字を作る作業をした。吟香の『呉淞《ごしょう》日記』によると、六七年三月ヘボンから和英対訳辞書の扉に書名を書くように言われ、『和英詞林集成』と書き記したが、二日後の日記では『和英語林集成』の扉紙の版下を書くとなっているので、吟香が書名を付けたことが分かる。ヘボンは疲れが溜まったこともあって赤痢と間歇熱《かんけつねつ》で二回も病床に就いた。やせて力が抜け、全く上海が怖くなったという。

「ガンブル氏の印刷技師としての腕前と天分とがなかったら、全くできなかったでしょう。これまでのところではあらゆる障害を超えることができたのです。彼が最も美しい日本字の活字を銅製の母型に作り、一揃いの日本字の活字を鋳固めたのです。英語の大文字、アクセントのついている母音や、イタリックなどがないし、また上海でそれらを得ることができないので、ガンブル氏自ら母型を作って、必要なだけを鋳固めました。」(一八六六年一二月七日付ヘボン書簡、『ヘボン在日書簡全集』)

こうして新活字を作製するのに一か月以上もかかった。次にローマ字、漢字、カナ、英語の順に並べていくのだが、五人の植字工を使って、二日でやっと八ページしか進まない。翌年一月になると、一日六ページの割で印刷、誤植の多い校正刷の訂正をする他に、最初計画していなかった「英和」の部第二編を書き上げることになる大忙しであった。

一八六七年一月三〇日、討幕派を抑えて来た孝明天皇が死去、一四歳半の明治天皇が位に就いた。武力討幕が進展していることを知った将軍慶喜は、前土佐藩主山内容堂の勧めもあって、形だけは天皇に政権を持たせ、自分が実権を握ることを考えた。六七年一一月九日、慶喜は政権を天皇に還す「大政奉還」を願い出た。そうすれば、討幕をする口実がなくなると考えた。西郷隆盛・木戸孝允・大久保利通らは、倒幕しなければ安定した政権を作れないと考えていたので、「倒幕の密約」をし、挙兵をしようと色々の方法で幕府を挑発した。こうした情勢の中で、一八六八年一月三日(慶応三年一二月九日)、討幕派はクーデターを決行。王政復古の大号令を発して、天皇を中心とする新政府を樹立する。一方、幕府はこれに従うことなく、慶喜は武力でもってその領地と権力を保持しようとした。この大号令が出た日に京都郊外の鳥羽・伏見において、幕府軍と薩・長両藩の兵隊が衝突した。幕府軍は、新政府軍の三倍以上の兵力を持っていたが、全く戦意がなく、一般民衆も新政府軍を支持したので、幕府軍は敗れ、慶喜は軍艦で江戸に帰った。その後、新政府軍は慶喜を朝敵とみなし、同年四月、江戸を占領。奥羽越列藩同盟を制圧、一八六九年六月、箱館の五稜郭に立て籠もった榎本武揚の軍も制圧し、新政府によって統一された。ヘボンは、大政奉還に至る明治維新を次のように報告している。

「この国の政治情勢は騒然としており、一つの転換期にあるのです。どうなるのか分かりません。現在の大君は大政奉還し、数世紀以前から奪っていた権力を帝の手に奉還するに至りました。これは大君が有力なる大名らから激しい反対を受けたために生じたのです。これらの大名は大君が外国と貿易をしたり、外国人と接触したりすることによって、大君の権力が増大するのを嫉んで、大君との戦いを宣するに至ったのです。大君はこの戦いを避けるため、将軍の地位を投げ出し、その一切の責任をそれらの諸大名に譲りました。帝は諸大名の傀儡にすぎなかったからです。大阪と兵庫の開港はこれら諸大名の反対を押し切って大君が裁断した政策でありました。開港の期限は一八六八年一月一日と決定したので、もう間近です。」（一八六七年一二月四日付ヘボン書簡、『ヘボン在日書簡全集』）

このように、明治維新は幕末から明治初期において、幕藩体制を打倒して天皇を中心とした中央集権国家を形成し、封建制から資本主義社会を形成した体制をいうが、ヘボンは大君が大政奉還し、権力を帝の手に奉還したと記述し、大君は将軍の地位を投げ出したと書いている。それらの情報を当時の新聞から得たものかどうか分からないが、かなり正確に捉えているのは驚きである。そして、当地の諸外国の代表者らは条約によって開港を主張、もし諸大名がこれを拒絶した場合は実力で行使をすることになり、そうすると英仏との戦いにもなる可能性が出てくると述べている。

◆『和英語林集成』完成

一八六七年五月一七日の書簡では、ヘボンは、上海の美華書院において『和英語林集成』の印刷の仕事を午後五時に終えたと記している。明治学院では、二〇一三年が明治学院創立一五〇年であることを記念して、『和英語林集成』の復刻版を刊行した。その書の解説を木村一氏が叙述している。それによると、初版は同一のものが二種類ある。一つは上海で組版し、と同時に石膏型をとりステロタイプ刷版を作って印刷し、ヘボン自身が横浜で発行したものがある。もう一つは同じ石膏型からロンドンでTRÜBNER & Co.が印刷・発行したものがある。前者を横浜版、後者をロンドン版といっている。

①初版（一八六七年）［ヘボン五二歳］　横浜版　サイズ26・5×17・5㎝

発行部数一二〇〇部　収録語数：和英二〇七七二語（五五八頁）・英和一〇〇三〇語（一三二頁）　頒価一八両　※上海で組版、印刷、横浜で発行

②ロンドン版（一八六七年）、サイズ29・0×19・0㎝
頒価五ポンド五シリング　※内容は横浜版と同じ

③再版（一八七二年）〔ヘボン五七歳〕　サイズ26・0×18・0㎝
発行部数三〇〇〇部　収録語数：和英二二九四九語・英和一四二六六語　頒価一二円
※上海で組版・印刷、横浜で発行

④三版（一八八六年）〔ヘボン七一歳〕　サイズ22・0×14・5㎝
予約部数一八〇〇〇部　収録語数：和英三五六一八語・英和一五六九七語　頒価七円五〇銭（予約五円五〇銭）　丸善商社に版権を譲渡

その後、数年の間隔を置きながら一九一〇年の九版まで刊行された。なお、この辞書の印刷と共に、横浜で版木を作成した『真理易知』を上海に持って行き五〇〇〇部印刷出版している。

では、売れ行きはどうだったのだろうか。一八六七年八月のヘボン書簡では、「わたしの辞書は日本人に受け入れられています」と述べ、発行部数の半数を既に売り渡し、その四分の三は日本人で、政府だけでも三〇〇冊を買い上げたという。出版してすぐの五月末、一人の日本人の役人が「遠い国に住んでいる大名のために三十冊を買いに来ました」と弟の手紙に書いて

いる。続いて、ロンドンのトリュブナー社から『和英語林集成』が出版されたので、世界中に知れ渡った。辞書は、一八七一年二月の弟のスレーターへの手紙には、二年弱で売り切れてしまったと伝えている。古本屋では三〇ドルが普通なのに四二ドルで売られていると人気は上々であった。そこで一八七二年に第二版を出版、奥野昌綱が助手になっている。また、太陽暦が一八七二年から採用されたのにともなって、この版では「日曜」が出てきている。キリスト教関係では、初版ではChurchは「堂」と訳されていたが、二版では「会堂・教会堂・教会」と書かれ、三版では「教会」となって定着した。第三版は助手に高橋五郎があたった。

一八八五（明治一八）年、外山正一、山川健次郎、寺尾寿、チェンバレンらが「羅馬字会」を結成し、「羅馬字会方式」をヘボンに第三版で採用するよう要請、それを受け入れて、三版では「ヘボン式ローマ字」を採用した。ヘボンは高橋五郎を語学面で評価している。高橋は、一八八九（明治二二）年に『和漢雅俗いろは辞典』を出版している。ヘボンの精神を受け継ぎ、ウェブスターなどの欧米辞書を参考にして編纂した。さらに、医者のウィリス・ホイットニーが『和英語林集成』の漢字索引を作成、重宝がられた。ヘボンは、偽版が横行したこともあって版権を東京の丸善商社に譲ることを考えた。こうしてこの辞書は、丸善に版権が買い取られて九版を重ね、何と五〇年以上も辞書の寿命が保たれたのは驚異的なことであった。丸善は、医者の早矢仕《はやし》有的《ゆうてき》が医者をやめて書店丸屋を開業、丸屋から丸善商社となった。八六年、ヘボンがその版権を丸善に譲渡し、二〇〇〇ドルを受領し、その譲渡金を明治学院に寄付、三階建てのヘボン館が建設された。

最後に『和英語林集成』を編纂した意義についてまとめておきたい。なぜ、『和英語林集成』を編纂したかというと、第一にはあとから来る宣教師や外国人のために、英語を学ぶ日本人のために、便利な辞書の編纂を思いついた。第二には聖書の日本語訳を手掛ける基礎的作業としての辞書の編纂が不可欠と考えたからであった。日本人にとってこの辞書は、日本人の英語力の向上と外国文化に触れる礎となった。また、外国人には日本語と日本文化の理解に役立つという意味において、近代日本における文化面と学術面における貢献には大いなるものがあった。"*Hepburn of Japan*"を書いたグリフィスは、この辞書はその後作られた他の全ての辞書の土台となったと述べている。

「完成されたこの辞書の送り状が横浜に届いた時、横浜の人々は自分たちの目を信じることができなかった。状況は一変した。この新しい状況はダリエン岬に立った瞬間、眼前に広がる広大な眺望から受ける、驚きに似たスリリングなものであった。それは、いわば二つの大陸が一つにつながったような感じと言おうか、それとも大陸が果てしない大洋と合体したという印象を人々に与えた。海で分離されていた二つの世界が、地峡によって結合された思いに似ていたと言った方がふさわしいかもしれない。この辞書の出現は、今や稼働準備完了のパナマ運河に例えてもいい。」(W・E・グリフィス、高谷道男監修・佐々木晃訳『ヘボン――同時代人の見た』一三七頁)

このように、横浜の人たちが辞書完成の通報が届くと感動をもって歓迎した様子が目に浮かぶ。グリフィスは、『和英語林集成』は、「東洋と西洋の間に閉ざされていた門戸を開ける『黄金の鍵』となった」と称賛している。確かにこの辞書は、「遠い遥かな国の人を隣人にした」とも言っている。ちなみに講談社学術文庫の復刻版『和英語林集成』を手掛けた松村明によると、それは、近代日本語の資料としても重要な価値を持っている。また英語で説明を施した国語辞典として、幕末から明治にかけて用いられた語彙を収録していると高く評価している。さらに、小学館の『日本国語大辞典』や新潮社の『新潮国語辞典』をみると、語彙の変遷や用例の理解のために『和英語林集成』の語彙や用例が掲載されているのを見ることが出来る。

2. 聖書の和訳

◆聖書翻訳

周知のように日本のキリスト教は、一五四九（天文一八）年八月、イエズス会創立者の一人であるフランシスコ・ザヴィエルによって伝えられた。前年のペンテコステの祝日に入信した日本人ヤジロウ（パウロ・デ・サンタフェの霊名を与えられる）をともなってやって来た。では、この時代聖書はどのように伝えられたのかという疑問が湧く。残念ながらキリシタンによる全訳の聖書は存在しない。全訳がないのは激しい迫害があったためと見るべきである。海老澤有道は、『日本の聖書』の中で、イギリス国教会の敬虔な信徒であるイギリス人船長セーリスの『日本航海記』に記録されたものによると、一六一三年一〇月九日に京都を訪れた彼の記録の中に、「日本生まれの色々なイエズス会士がおり、説教し、また新約聖書 the New Testament を日本語で印刷している」と記されている。しかし、残念ながらこの訳による新約聖書は残っていない。

確かにキリシタンは、プロテスタントのように聖書を信仰の唯一のものと考えていないところがあるので、聖書の翻訳に対する熱情は違っていた。さらに、その時代状況と信者をどう育てるかという違いもあったと見るべきである。キリシタン訳新約聖書の面影を伝えているものには、ポルトガル人イエズス会士パレトが伝えた写本がある。彼は、一五九〇（天正一八）年天正少年使節一行らの帰国と共に来日、天草のコレジオの教授となり、のち一六一八年迫害下の日本に潜入、一六二〇年九月に永眠した。少年使節団に同行中、日本語を学び、来日してからも大村で日本語の学習に力を入れ、一五九一年にはキリシタン物語や和訳された聖書、聖人伝をローマ字で書き写した。パレトの聖書抄訳は、三部からなり、四福音書に関しては三分の一が訳され、マタイによる福音書が最も多く、その半分が訳されている。これに対応するものに長崎に伝えられた写本『耶蘇教叢書』（仮題）がある。この中に『ドミニカの抜き書き』という説教要旨の写本がある。他にも研究の成果が表れたものも見られるが、キリシタン時代においては、残念ながら新約聖書の和訳や四福音書の和訳で完全な形で残っているものはないと言える。

　では、現在残されているプロテスタント教会における最初の聖書翻訳書という意味では、ギュツラフによってもたらされたと言える。一八三七年に『約翰福音之傳』と『約翰上中下』が出版された。その後、S・W・ウィリアムズ訳の『馬太《マタイ》福音書』、カトリックが琉球から退却後、一八四六年に琉球海軍伝道会のベッテルハイムが派遣され琉球語で四つの福音書を出版した。その後、S・R・ブラウン、ヘボン等の聖書翻訳が見られた。

ギュツラフの『約翰福音之傳』、『約翰上中下』については前にも触れた。彼はプロシア生まれで、幼い頃から聖書に親しみ東洋伝道を志していた。一八二七年、ジャワ島西部のバタビアに着いた。そこにはモリソンについで東洋に派遣されたメドハーストがおり、彼の家で寄宿しながら中国語やマライ語を学んだ。メドハーストは一八三〇年、『英和・和英語彙』を出版、この書は最初の英和辞典で、聖書和訳の羅針盤ともいうべきものであった。ギュツラフは、聖書和訳をするのに、この書を参考にして重宝した。彼は、岩吉、久吉、音吉を教師として日本語を学び、『神天《しんてん》聖書』とメドハーストの辞書を頼りにギュツラフの愛読する『ヨハネによる福音書』の翻訳に取り掛かった。キリシタン訳の存在も知らず、宗教思想も貧困で表現力も、語彙も不足していた無学な漁民を日本語の教師にしていた関係で、訳は素朴で、時に意味不明な訳も出てくるという苦心の跡が見られる翻訳であった。

「ハジマリニ　カシコイモノゴザル、コノカシコイモノ　ゴクラクトモニゴザル、コノカシコイモノハゴクラク。ハジマリニ　コノカシコイモノ　ゴクラクトモニゴザル」

『神天聖書』は、一八二三年、モリソンが同じロンドン宣教会のミルンの協力で刊行した最初の漢訳旧新約聖書である。一八三四年モリソンの死後、メドファースト、ギュツラフ、ブリッジマン等が改訂し、一八三七年に『救世主耶蘇《きゅうせいしゅやそ》新遺《しんい》詔書《しょうしょ》』が出版された。ヘボンは『約翰福音之傳』をシンガポールで入手して、長老派ミッション本部に送り、のちに来日した時その書を持参している。

一八三三年、アメリカン・ボードの宣教師S・W・ウィリアムズは中国に渡り、広東の同ミッションの責任者となって働こうとしたが、禁教のため迫害を受け、一八三五年マカオに移住した。そこで、ギュツラフと出会い、彼の家に預けられていた日本漂流民と会った。前述したように、一八三七年モリソン号に乗って浦賀にやって来た。日本漂流民の送還と布教・通商の下準備をするために参加したが、追い返された。結局漂流民はマカオに帰らざるを得ず、ウィリアムズが漂流民を引き取った。その後、肥後の漂流民の庄蔵等三名を印刷所で働かせ、彼等から日本語を学び、聖書和訳を行い、そこででき上がったのが『馬太福音書』であった。一八三九年モリソン協会に招かれてS・R・ブラウンがマカオに来た時、ブラウンがウィリアムズの家に七か月間世話になった。それが縁で、一八五九年、ブラウンが日本に来航した時、香港に寄港しウィリアムズと再会、『馬太福音書』の訳稿写本を託された。一八六七年（慶応三）年、ブラウン宅の失火でこの原稿を焼失したが、前述の庄蔵が筆写したものが残った。ウィリアムズは、創世記を訳したらしいが、その稿本は残っていない。一八五三（嘉永六）年四月、ペリー艦隊が香港に寄航した時、ウィリアムズに日本語通訳の依頼をした。彼は一旦辞退したが、ペリーの願いを受け入れて、首席通訳官として浦賀に来航した。一八五八年、彼は長崎に来てE・W・サイル、H・ウッド（アメリカ巡洋艦ポーハタン号付牧師）と連名で、米国の三ミッション本部に日本に宣教師を派遣するよう提言、日本宣教開始の導火線の役割を果たした。

外国ミッションは、日本が鎖国を頑なに守る中で、何とか宣教の機を窺っていた。当時琉球は鎖国主義、禁教主義を取っていたが、中山王国は薩摩藩の保護領で半独立国の形をとっていた。一八四四年フランスでは、フランス極東艦隊司令官セーシュが日本カトリック再布教の権限を委任されていた管理者リボアに対し、琉球に宣教師を派遣するよう申し出た。この年琉球那覇にフォルカードとアウグスチノを上陸させた。これに対し琉球は、小国で物資が少ないので交易は不可能であるとして通商を拒否し、健康を保障することもできないとしてフォルカードらの上陸を拒絶したが、彼らは強硬に上陸した。琉球は報復を恐れて、聖現寺に閉じ込め、厳しい管理下に置いた。そこには、一八四六年第二回琉仏交渉において、琉球を日本の域外と定め、薩摩藩の島津氏にまかせて鎖国適用外としての指示を出し、琉球を「緩衝地帯」に位置づけ何とか鎖国を維持しようとする幕府の思いが伝わってくる。この二年後の一八四六年五月、最初の聖公会の宣教師としてベッテルハイムが那覇に上陸した。彼は、イギリス海軍琉球宣教会から派遣された宣教師であった。ベッテルハイムは、護国寺に家族と住み込み、福音を語ることも、医療や英語などを教えることも拒絶される中で、琉球語のトラクト（基督教のパンフレット）を作り、新約聖書の琉球語訳を試み、特異な伝道を展開した。滞在八年、三人の受洗者を出したのであった。

◆漢訳聖書からの翻訳

その後、ヘボンは日本語の勉強と施療をするかたわら、一八六一年春頃からマルコ伝の翻訳に取り掛かった。海老澤有道が指摘するように、その翻訳は漢訳聖書からの転訳であった。ヘボンは、聖書を日本語に翻訳することが、私どもの最も重要な事業であると指摘したあとで、次のように述べている。

「わたしどもの日本語の教師が少しの苦労なく読み、そして理解しうる立派な漢文の聖書が手許にあるから、聖書翻訳事業に助けとなっております。ブラウン氏とわたしとは、マルコ伝を翻訳する上に大切な手引きとしてのこの漢文の聖書を、日本文に訳し直すことによって、さらに多少の進歩を見たのです。」(一八六一年二月一四日付ヘボン書簡、『ヘボン在日書簡全集』)

この中国語聖書は、モリソン訳の『神天聖書』(一八二三年)だったのか、ブリッジマン・カルバートソン訳の『新約聖書』(一八五九年)だったのか確証はないが、ブリッジマン・カルバートソン訳であった可能性が強いと思われれる。日本語を教える教師は武士なので漢文が読める。ヘボンも中国語が読めるので、お互いの意思疎通ができないと紙に書いてやり取りをするというやり方を取っていた。ということで、先ずは中国語の漢訳聖書から日本語に訳す作業が行われたのであった。ヘボンは、日本語の辞書を調べ、単語や熟語をたくさん集め、これを訂正したり付け加えたりし、また日本語をもっと知りたいために日本人が書いた本を幾冊も読み、翻訳をし出したのであった。一八六二年一〇月四日のヘボン書簡では、「日本語教師に時間を割いて漢文から日本文に聖書の翻訳をさせている。『マルコ伝、ヨハネ伝、創世記および出エジプト記の一部を訳出した』」とし、日本語教師との共訳の形で翻訳を進めた。一方、同じ時期のS・R・ブラウンの動きをみると、一八六二年二月一八日のブラウン書簡では、「大部分の時間を、日本語の研究に費やしました。とにかく、わたしは日本語教師の協力を得て、マルコによる福音書とヨハネによる福音書を、又創世記を、日本語に翻訳しました」と報じている。この動きを見るとヘボンとブラウンは同じ聖書の箇所を翻訳していることが分かり、彼等の考え方が個人訳ではなく、共同訳聖書を志向していることが分かる。では、ヘボンやブラウンは聖書翻訳の道筋をどのように考えていたのだろうか。翻訳の進め方については慎重に考えていた。ブラウンは次のように述べている。

「日本語の知識に最も精通するまでは、聖書の翻訳文の出版はできないと思っています。聖書のうちのある書の翻訳はすでにヘボン博士とわたしのふたりでやってみました。しかしこれを印刷にかける考えはありません。以前から多く読み、注意深い研究をしていても、まだ多くの改訂をしなければなりません。」（一八六二年一一月八日付S・R・ブラウン書簡、『S・R・ブラウン書簡集』）

このように、何度も何度も改訂を繰り返しながら完全なものを発行したいという意志が伝わってくる。ヘボンたちは漢訳聖書の普及に努めた。聖書は分かりやすい文章であることが大切で、それが庶民に聖書が読まれるようになる基本であると考えていた。日本語教師たちは、漢訳聖書を普及させたらどうかということを言っているが、漢訳聖書を読める社会層は武士などの一部の知識階級に限られていた。大体日本人の五〇分の一にも満たないと考えられる。そこで、国民の全ての人々を対象に考えると、平易な標準語による聖書を提供しなければならないというのがヘボンや、ブラウンの考え方であった。しかし、平易な日本語といった場合、各地域には、方言があり、武士の言葉、町人の言葉、男、女の言葉などが存在する、加えて、文体も漢字にするか、仮名にするか、文語体にするか、口語体にするかというように難しい問題があった。そこで考えられた基本的な考え方は、標準書に基づく聖書の普及が最良の道であると考えたのであった。グリフィスが書いたS・R・ブラウンの伝記『われに百の命あらば』には、聖書翻訳について次のように述べている。

「聖書翻訳者が熱望していたのは、『国民に理解されるばかりでなく、文学的作品として人びとの心を引きつけ、やがて欽定訳聖書が英語を使う諸国民に影響を及ぼしたのと同じように、日本国民の精神を感化する標準書となる聖書の日本語訳をつくること』であった。」(W・E・グリフィス、渡辺省三訳『われに百の命あらば』二一二頁)

こうして、一八七一（明治四）年、ヘボンはブラウンと『馬可伝《マルコ》』を訳し、一八七二年秋に出版。続いて同じ年に『約翰伝《ヨハネ》』を出版した。当時は、活版印刷は普及していなかったので、木版刷りであった。最初に出版されたマルコ伝は第一版一〇〇〇部がたちまち売切れ、遠く神戸や長崎まで送られた。当時は禁教下ゆえ、慎重に秘密裡に行われた。安藤劉太郎という密偵が上司の小栗憲一に「耶蘇探索報告書」を提出している。安藤は、版下から版木を彫り進めた版木師、作料、どのように依頼したかを事細かに記述して上司に報告している。初め、版木を彫り進める者がいなかったが、版下を書く奥野昌綱が高砂屋某なる人の紹介で板木師稲葉治兵衛を探し当てた。万が一問題が起きた場合は、一切の責任を自分が取るとして、一枚二円という高額な作料を定めて彫らせた。禁書であったので、稲葉は店を閉めたあと、夜中にひそかに作業をしたのであった。この稲葉治兵衛は、版木を彫り進めていくうちにキリストの福音にふれて受洗、一八八二（明治一五）年四月、横浜住吉町教会（現横浜指路教会）が、南小柿洲吾《みながきしゆうご》（当教会最初の長老）を牧師に迎え入れる時に、教会総代として招聘委員の一人に選ばれている。

ヘボンは聖書和訳と同時に日本人にキリスト教を理解してもらうために、キリスト教のイロハを教える書物の出版も手掛けた。一八六六（慶応二）年、マッカーティーの『真理易知』を和訳して出版、その後一八七二（明治五）年頃、『三要文《さんようもん》』といって、十戒、主の祈り、使徒信条の三つを分かりやすくまとめたものも出版している。

◆共同訳聖書

ヘボンは、聖書はどこまでも平易な「標準語」で訳すべきで、あくまでも共同訳をめざしていた。その点では、S・R・ブラウンと同じ考えだった。聖書和訳はアメリカ聖書協会から日本にいる宣教師が協力し、翻訳したものをお互いに批評し合う必要があるとの指摘を受けていた。前述したように、一八七二年九月、ヘボン邸で宣教師会議が開かれ、共同訳聖書の翻訳が決まった。

しかし、翻訳委員会を立ち上げるに際し、各ミッションから選ばれる委員が一向に決まらず、翻訳委員社中が動き出したのは、一八七四（明治七）年三月からであった。委員にはヘボン、S・R・ブラウン、アメリカン・ボードのD・C・グリーン、アメリカ聖公会からC・M・ウィリアムズ、G・エンソル、アメリカ・メソジスト監督教会からR・S・マクレー、アメリカ・バプテスト教会からネーザン・ブラウンが加わった。その後、ウィリアムズとエンソルは事情があって参加せず、代わって聖公会からJ・パイパーとW・B・ライトが参加した。しかし、翻訳委員社中が動きだして間もなく、パイパーもライトも委員を辞した。またN・ブラウンも訳語の問題で一年半後に委員を辞任した。その結果、委員長のS・R・ブラウン、ヘボン、D・C・グリーンの三人が中心となって訳業に従事することになった。この他、三人の日本人が翻訳の協力者として就いた。奥野昌綱、松山高吉、高橋五郎で、彼らはあくまで宣教師の補助者として加わった。
社中というのは『和英語林集成』を引くと、「なかまうち」という意味がある。この翻訳委員社中が発足し出した頃は、三九番のヘボン邸に集まり、週四日、午後一時から五時にかけて翻訳の会議が行われた。この社中が最初に出版した聖書は、一八七五（明治八）年の『路加伝《ルカ》』である。その頃、ルカ伝七章の翻訳に関わる様子を伝える記事がヘボン書簡にある。
「いまわたしのおもな働きは聖書の翻訳です。わたしは五人の翻訳委員の一人です。この委員は一週間のうち四日、午後二時から五時まで、この目的で会合します。わたしどもは、いま、ルカ伝第七章にかかっていますが、一節を訳すにも頑固な意見や見解の相違で議論が多いので遅々として進みません。しかしよくやっていると思います。この他に、わたしは一週間二回、施療所を開いております。あらゆる種類の患者が大勢来ます。」（一八七四年九月二五日付ヘボン書簡、『ヘボンの手紙』）
グリフィスが書いた『われに百の命あらば』によると、「委員会は祈りをしてから始められました。討論はすべて上品な几帳面さと、抑えた調子ですすめられました」と述べている。しかし、お互いに訳した原稿を読み進める中で、翻訳作業における議論が訳をめぐって、意見が分かれ、訳業が進まないことも出て来た。そこでいくつかの規則を作っている。議論が一五分以上にわたってまとまらない場合には、次の会にまわす。出席の三分の二以上の同意があれば、その議論を中止することができるとしている。右に見たように、議論が進まないということは、それだけ真剣にお互いの訳語を検討し、より良い訳語を探すということを示している。一八七五年九月、ジョン・C・バラ夫妻がヘボン塾の男子部を担当することをミッション会議で決定されたのを受けて、ヘボンは三九番の施療所を閉鎖する準備を進め、翌年の春には建物をジョン・バラに譲り、ヘボン夫妻は山手に移住した。山手二四五番に引っ越してから、ヘボン邸で行っていた翻訳の会議は、山手二一一番のブラウン邸で行うようになった。午後に行われていた会議は午前中になった。翻訳委員は、土曜日と日曜日を除いて、毎日午前九時から一二時まで会合を持った。ある時は半日かかってようやく一、二節を決定したこともあった。

その頃の翻訳委員社中の様子が分かる資料がある。これは、ブラウンの書生をしていた井深梶之助が書いたものである。

「会合の場所は横浜山手二百十一番ブラオン博士宅の東南の一室で室の中央に一脚の丸テーブルがあってその周囲に三人の翻訳者と三人の輔佐役とが夫々着席して評論をしたのであるがそのテーブルの上に開いてある書物はブラオン氏とグリーン氏の前には二三種の希臘《ギリシヤ》原文の聖書、ヘボン氏の前には英訳の新約注解書、日本人の前には文語や官話やその他の支那翻訳の聖書という風であった様に記憶する。然してブラオンの輔佐が高橋氏、ヘボンのが奥野氏、グリーン氏のが松山氏で時として随分議論に花が咲た事もあった様である。自分は当時ブラオン先生の内に書生をして居て屡々《しばしば》会合の席に出入した許でなく未熟ながら先生の使徒行伝の翻訳の手伝をしたので、四十余年後の今日当時を追想すれば六人が丸テーブルを取囲で議論を上下して居る光景を目に見えるような気がする。」（佐波亘・小澤三郎共編『植村正久と其の時代』復刻版、第四巻、教文館一八〇〜一八一頁）

新約聖書の原典はギリシャ語、旧約聖書はヘブル語で書かれている。日本人の補助者たちは、それらの原典を理解する力が身についていなかったので、宣教師が日本語に訳す文章が整ったものであるかチェックするのが彼らの主な仕事であった。宣教師たちは、ギリシャ語の原典である『Textus Receptus』（テキストゥス・レセプトゥス／一五一六年エラスムスにより作成されたギリシャ語聖書として印刷）を使用していた。バプテスト派のN・ブラウンは、翻訳委員社中を途中から出て独自の新約聖書の翻訳を進め、『志無也久世無志與《しんやくぜんしょ》』を完成しているが、この書の巻頭に著した文献を見ると、五世紀のアレキサンドリア大文字写本まで用い、加えてシナイ、ヴァチカンなどの四世紀から一〇世紀までの一〇種の大文字写本と一〇世紀以降の小文字写本が記されている。N・ブラウンは、ヘボンたちのように中国語を解していなかったので、まさにギリシャ語原典からの翻訳であった。

N・ブラウンは、かつて一八三四年から二三年間ビルマ、アッサムにおいて伝道、アッサム語の新約聖書を完成させた優れた伝道者である。当時における聖書翻訳の世界の流れを見ると、一八七〇年英国において、「改正訳 Revised version・1881」翻訳事業をもたらすことになる。一八七四年、翻訳委員社中の活動が動き出した時に、英国では『欽定訳』の改訳が始まっていた。それなのに日本では、それ以前の『欽定訳』に準拠した形で翻訳が走り出していたので、新しいギリシャ語原典に基づく方針の下でやり直すことは困難がともなった。というのは、宣教師たちは日本語の勉強をしているが、熟達していないし日本人助手は英語の理解もままならず、ギリシャ語の理解が全くなく、中国語聖書が唯一、双方が通じる言語であったという状態にあった。そこで、イギリスの『欽定訳』改訳運動に精通しているN・ブラウンを招くことによって、『欽定訳』の聖書を底本にしながら『欽定訳』改訳の底本にも配慮していることを示して、英本国を始めとする国々に対応したのであった。

委員長S・R・ブラウンは、一八一〇年コネティカット州イースト・ウィンザーに生まれた。マサチューセッツ州モンソン・アカデミーで学び、一八歳の時アマースト大学に入学したが、学費を出せず中退、エール大学を卒業し、ユニオン神学校を卒業した。二〇一四年、筆者がニューヨーク州アワスコ・アウトレットにあるオーバン神学校とサンド・ビーチ教会を調査した。ブラウンは一八五九年の来日前、サンド・ビーチ教会で牧会をしていた。同時にスプリングサイドという学校をこの地に建てた。この学校で、のちに来日するミス・キダーが教師をし、またフルベッキはオーバン神学校で学び、一八五九年にブラウン等と出帆したのであった。

このオーバン神学校のカリキュラムを調べたところ、ヘブル語は一年生の時履修するが、ギリシャ語はなかった。ギリシャ語の講座がないのは、その前のアカデミー、日本でいえば中高等学校でギリシャ語を学ぶので、神学校に入学する前にギリシャ語を習得しているのが普通なのである。日本の場合は、神学校でギリシャ語を学ぶのが普通である点で、当時のアメリカで学ぶ神学生とはレベルが違うのである。ではヘボンの場合はどうだったのだろうか。ギリシャ語、ヘブル語に関して次のように述べている。

「もし日本人がヘブル語やギリシャ語を理解していたなら、外国人の手を煩わす必要はありません。しかし、もし日本人にそれができなければ、外国人ができるかぎり最善の翻訳をし、それに原語の意味の説明を十分してから、日本人の助手に渡すべきであります。（中略）しかしわたしどもの翻訳はヘブル語から訳したものです。わたし自身はヘブル語に精通してはいませんが、しかしその言葉を味読するくらいは知っており、理解しています。難解な箇所にぶつかった場合には、種々、多くの手引きがあります。たとえばキリシャ語の旧約聖書、ラテン語の聖書とか、フランス語の聖書その他、幾冊かの原文批評注解書を参照いたします。」

（一八八四年一一月二六日付ヘボン書簡、『ヘボン在日書簡全集』）

ここで理解できるように、ギリシャ語は精通しているが、「ヘブル語に精通していませんが」と前置きし、難解な個所にぶつかった時にはギリシャ語、フランス語、ラテン語の聖書を読み、さらに原文批評注解書を参照すると言っている。ヘボンは、一六歳でプリンストン大学に入学、その前には地元のエディンバラ大学を卒業したディヴィド・カークパトリック校長の下でギリシャ語、ラテン語、フランス語を学んだ。また、プリンストン大学の総長アシュベル・グリーンに呼び出されて、古典の重要性を正され、ラテン語、ギリシャ語を学び直し、ヘブル語も学んだという。

◆一七分冊になった新約聖書

いよいよ翻訳が完了すると、順次分冊にして出版した。その数は一七冊に上った。新約聖書全体の翻訳が終わったのは、一八七九（明治一二）年一一月三日のことであった。病で帰国していたマサチューセッツ州モンソンに住むS・R・ブラウンの下に完成の電報が届けられた。ブラウンは、その電文を何度も何度も見ていたという。翌年四月一九日、東京新栄橋教会（現新栄教会）において、完成祝賀感謝会が行われ、長年の夢が実現した。一八七四年三月から始まったので、五年八か月の年月を費やしたことになる。ヘボン等が翻訳し出した漢訳聖書からの和訳から数えると、二〇年近い歳月が流れていた。聖書翻訳において中心的な役割を果たしたのはヘボンであった。ヘボンはそのことを誇りとし名誉なことと考えていた。しかし、それを自分が成したという人ではなかった。それは、「自分が企てたことにしがみついてコツコツとやっ

翻訳委員社中訳『新約聖書』分冊（一般財団法人 日本聖書協会所蔵）

て、やり通した」結果であったのだという。

当時S・R・ブラウンの書生をし、のちに明治学院の第二代の総理になった井深梶之助が聖書和訳の原本と日本人の関わり方と文体の問題を述べている。「第一は何を正本として翻訳すべきかという問題であった。是は頗《すこぶ》る重大な問題であるが、之に就いては大した議論もなく、ゼームス王欽定英訳（テッキスタス、レセプタス）の原本に依ると定められたように承知する」。これは当時知られた最古の原文をもとに翻訳した。続いて井深は、この新約聖書の「日本語訳は英訳の重訳ではなく全く原文を日本語に翻訳したものである」という。当時日本人には原文に通じた者がなかった。補佐役たちは、諸種の中国訳と翻訳者たちが不完全なる日本語に訳したものを参酌して日本文に直すしかなかった。つまり、原文のギリシャ語を解する者がいなかったので仕方なかった。そうした限界がある中で翻訳した最上の訳といえよう。

次に文体の問題があった。明治七、八年の頃は、未だ文章が固まっていなかったので、翻訳に苦心したのであった。聖書は二七の書からなっている。それが訳されると翻訳委員会社中で協議され、翻訳が完成すると次々に出版された。全部で一七分冊になり、最後は『ヨハネ黙示録』であった。ヘボンが訳した箇所は、一八七五年に初めて出版されたのが『路加伝《ルカ》』で、次に『希伯来書《ヘブル》』、『馬太伝《マタイ》』、『馬可伝《マルコ》』、『約翰伝《ヨハネ》』、『羅馬書《ロマ》』。『哥林多前書《コリント》』、『哥林多後書』、『帖撒羅尼迦前後書《テサロニケ》』、『雅各彼得前後猶太書《ヤコブペテロユダ》』であった。ブラウンが訳したのは、『使徒行伝』、『約翰黙示録』であった。ヘボンとブラウンの共訳は、『以弗所腓立比書《エペソピリピ》』、『提摩太前後提多腓利門書《テモテテトスピレモン》』であった。D・C・グリーンは『約翰書』、『加拉太書《ガラテヤ》』、『哥羅西書《コロサイ》』を翻訳した。この共同訳の聖書を見ると、全体の六割以上がヘボンによって翻訳されたことが分かる。その意味ではヘボンの役割は大きかった。ブラウンは、ここに上がっている翻訳以外に福音書をヘボンと以前から翻訳し、ヘボンが訳したものを必ず目を通して改訂しているので、その意味では共同の制作という意味合いが強かった。

一八七四（明治七）年三月二五日から翻訳委員会社中が開始されたが、三日後の二七日にN・ブラウンが委員会から招きを受けて列席している。七五年一月一一日「ルカによる福音書」の翻訳を完了、そこで「パプチゾー」問題、即ち洗礼の訳語をめぐって協議がなされている。ギリシャ語の「パプチゾー」の訳語をめぐって、翻訳委員会社中では、「洗礼」か「バプテスマ」のどちらかを選択するかの決を採った。四六名が投票、ヘボン、マクレー、ニコライ、コレル、ウィリアムズ（聖公会）等は「洗礼」に投票、一六票だった。それに対し、「バプテスマ」を選んだのは三〇票で、S・R・ブラウン、グリーン、カクラン、ワデル、N・ブラウンらであった。小澤三郎は、『幕末明治耶蘇教史研究』の中でこの「パプチゾー」について取り上げている。小澤はヘボンとN・ブラウンが激しく対立、N・ブラウンが「浸め」に固執して譲らず脱会したと書いている。しかし、書記のD・C・グリーンが書いた議事録には、その後の翻訳委員会にもN・ブラウンが出席しており、喧嘩別れであれば、その後の委員会に出席しないはずである。N・ブラウンは、その一年後の「ロマ書」の翻訳まで留まり、脱会したのは一八七六年一月二七日のことであった。ヘボン書簡集でも、N・ブラウンに対し、「博士はこの地でミッションのため、新約聖書の翻訳をして、なかなか立派な働きをしています」と高く評価していることから考えて、喧嘩別れではないことが分かる。またS・R・ブラウンもN・ブラウンとの交友が深く、聖書翻訳上のアドバイスを受けていた。しかし、N・ブラウンは平民に向けて独自の新約聖書の翻訳に走り出したのであった。

N・ブラウンの最大の功績は、『志無也久世無志與』を出版したことであった。同じバプテスト派のゴーブルが禁教下の一八七一年に『摩太《マタイ》福音書』を刊行、N・ブラウンは、これを引き継いで一八七九（明治一二）年八月一日に新約聖書の翻訳を完了。ヘボンたちが翻訳した新約聖書より三か月早かった。さらに、聖書翻訳委員会の聖書は、木版刷りの形で一七分冊であったのに対し、同年一二月までに二巻本にして新約全書を活版印刷で刊行したことであった。彼は、七四年四月、息子のピアスを私設伝道技師として来日させ、居留地八〇番（翌年六七番に移転）にミッション・プレスを作った。

N・ブラウンの聖書和訳の第一人者川島第二郎は、わが国最初の新約聖書で、数冊しかない稀覯本である『志無也久世無志與』を復刻させた。アメリカン・バイブル・ユニオンの『欽定訳』改訳運動に連動した最新の聖書批評学に基づいたギリシャ語原典による翻訳を追求した。彼は、四世紀の写本を含めたギリシャ語原典に基づいている点を考えると、翻訳委員会の誰よりも優れた訳者といえよう。この翻訳において、日本語の国際化のために、世界共通のローマ字表記法「コズミック・アルファベット」を適用する機会となると考え、それを聖書の翻訳に応用した。平仮名連続活字分かち書きによるもので、行間に注を付け、難解な語句の説明や外国の固有名詞にルビを付けた。このような先進的な考えで作られた聖書は、バプテスト教会内では普及したものの、時期尚早のため同じ宣教師にも、日本人にも理解されず、平仮名の聖書として低く見られて全国に広く普及しなかった。ヘボン等の翻訳委員会の聖書の方が普及したのであった。

◆旧約聖書とヘボン

一八七八（明治一一）年五月一〇日と一三日の両日、東京築地のユニオン・チャーチにおいて旧約聖書の翻訳についての宣教師会議が開催された。これより以前、一八七六年一〇月三〇日、旧約聖書に関しての会議が開かれた。そこで、翻訳委員が決まり、この委員会は東京翻訳委員会と呼ばれて動き出すかに見えた。ところが、この委員会は教派的にイギリス系教派の宣教師に偏ったところがあるとして異議が唱えられ、新たにアメリカン・ボードの提案により、前述の五月の両日に宣教師会議が開かれ出直しとなった。この会議では、各教派一名ずつ代表が選ばれ、常置委員会が新発足することになった。そのメンバーは、N・ブラウン、J・H・クインビー、G・コクラン、J・C・ヘボン、S・R・ブラウン、W・B・ライト、H・ワデル、J・ゴーブル、F・クレッカー、R・S・マクレー、D・C・グリーン、J・パイパーの一二名であった。こうして、一八七八年一〇月二三日、新常置委員会が組織され、東京翻訳委員会は必要ないとして同年六月に解散した。勿論、東京翻訳委員会がすでに訳された聖書については、新常置委員会は先行研究として参考にして、翻訳の作業が始まった。

新常置委員会の委員長はヘボン、書記にはコクランがなり、一八八二（明治一五）年から順次木版刷で出版されて、一八八七（明治二〇）年には全て出版された。旧約聖書は三九巻あるが、それを二八分冊にして木版刷で順次出版、一八八二年、最初にヨナ、ハガイ、マラキを合本にして刊行した。最後は、一八八七年で「雅歌」、「エレミヤ」、「哀歌」が出版された。一八八四（明治一七）年一二月二六日のヘボン書簡を見ると、旧約聖書の翻訳に関して、過去三か年にわたりほとんど全力を尽くしてきたという。日本人の協力者は、松山高吉、植村正久、井深梶之助、高橋五郎等で、「日本人の助手はキリスト者で、英学と漢学との素養もあり、仕事に熱心でありました」と述べ、そのような人を得たことは大きな利益でもあった。旧約聖書の歴史書の翻訳では、一日二〇節から三〇節を訳し、毎日朝九時から午後三時半まで働いたが、預言書や詩篇などは、一〇節から一五節ほどが一日の仕事であった。一八八六年一一月九日に弟のスレーターに出した手紙では、ヘボンが翻訳した聖書を見ると次の通りである。

「わたしはきょう雅歌の翻訳を終わり、旧約聖書の翻訳を完了しました。旧約聖書はいま詩篇とイザヤ書を除き全部訳了しました。本年中に全部おわると思います。わたしどものこの仕事が終わる前に、もう一度読みとおさなければならぬでしょう。これには一年を要します。ここにとどまってこの仕事をやり終えるか否か、何とも申されません。わたしの健康によるのみです。日本人の助手の助けを得て、わたしが翻訳した旧約聖書の部分は、出エジプト記・民数記・レビ記・申命記・列王紀上下・ヨブ記・箴言・伝道の書・雅歌・エレミヤ書・エゼキエル書・ダニエル書・ホセア書・ヨエル書・アモス書・オバデヤ書・ヨナ書・ミカ書・ナホム書・ハバクク書・ゼパニヤ書・ハガイ書・ゼカリヤ書・マラキ書・哀歌、です。」（一八八六年一一月九日付ヘボン書簡、『ヘボンの手紙』）

ではヘボンの他にどのような人物が翻訳したのかを見ると、訳者がヘボンと重なるところがある。まずパイパーがヨナ書・ハガイ書・マラキ書、ファイソンがヨシュア記・サムエル前後書、列王記・士師記・ルツ記上・歴代誌上下を翻訳した。共同訳では、創世記をタムソンとファイソン、列王記下をファイソンとヘボン、雅歌はフルベッキとヘボン・松山高吉、エズラ記・ネヘミア記・エステル記をヘボンとファイソン、イザヤ書を植村正久とファイソン、詩篇はフルベッキとウィリアムズ・松山高吉・植村正久、雅歌・エレミヤ記・哀歌はフルベッキと井深梶之助が翻訳した。ちなみに、ヘボンがどのくらい聖書を翻訳したかを見ると、新約聖書二七巻と旧約聖書三九巻合わせて六六巻のうち、新約聖書の六割以上、旧約聖書の四割ほどが、ヘボンによって翻訳されたのだ。

一八八八（明治二一）年二月三日、東京築地の新栄教会において、聖書翻訳事業完成祝賀会が開催された。この教会は墨田川に架かる新栄橋近くの築地といわれる居留地にある首都最大のプロテスタント教会で立錐の余地もないほどに人が集まった。講壇の卓上には日本語と英語の聖書が置かれていた。米国及び英国の一四の伝道会社の代表と首都にある日本人のプロテスタント諸教会の代表者が出席していた。新約聖書と旧約聖書の両方の翻訳に携わったのはヘボン一人であった。そのヘボンが静かに椅子に座っていた。ヘボンが司会者であった。最初に長崎の土を踏んだ宣教師の一人である聖公会のC・M・ウィリアムズが詩篇一九篇を英語で朗読し、聖書翻訳事業完成祝賀会が始まった。続いて、のちにメソジスト監督教会本多庸一が、同じ箇所を日本語訳聖書で朗読した。英国聖公会伝道会社のジェームス・ウィリアムズによる祈祷、続いて組合教会牧師の横井時雄が短い挨拶をした。ヘボンは、この会の中心人物で、英語で語られた演説が会衆一同に感動を与えた。常置委員会の委員長ヘボンは、成し終えた翻訳の沿革を詳細に述べた。

そして、「主にある兄弟たちよ。私に残されたただ一つの仕事は、常置委員会の仕事である旧約聖書の翻訳と、横浜委員会の仕事である新約聖書の翻訳、この二つを一巻の聖書となし、プロテスタント宣教師全員の名において、米国と英国の全教会の名において、日本の国民に『愛の贈り物』として贈呈することである」と述べた。こうして、ヘボンは述べながら片手に旧約聖書を、もう一方の手に新約聖書を取り上げ、厳かに二冊を重ね合わせ、一冊の聖書とし卓上に置いたのだった。この動作を見て会衆はいたく感動した。グリフィスは、ヘボンの終わりの言葉は雄弁であり、深い感動をもって語られ、彼の中に盛んに燃え上がる信仰の確信を人々に刻みつけたという。そのヘボンの言葉は次の通りである。

「私たち西洋のキリスト教徒が、日本の人々に聖書に優る価高い贈り物をすることができるでしょうか。山なす金銀財宝をもってしても、聖書に優るものはありません。かつて我々西洋人にとってそうであったように、今日、そして将来、日本の人々にとって、今私たちが贈る聖書が、日本人の生命の源泉となり、喜びと平和をもたらす使者となり、日本の真の文明と、社会的、政治的繁栄と偉大さの土台となりますように。」（W・E・グリフィス *"Hepburn of Japan"*）

続いて、フルベッキが流暢な日本語で、ヘボンが述べた内容を繰返し語った。常置委員会書記のコクランは、聖書の学術的な内容の挨拶をした。翻訳の仕事の概要と世界における聖書の普及状況を述べ、聖書を外国語に翻訳する時に感じる生命力と福音の時代の到来への期待感と、聖書が万人に読まれる書物になっていった経緯について、聖書翻訳の歴史的経緯について説明した。また、キリスト教国の聖書会社の存在とその組織とを祝福した。この演説のあと、「キリスト教万歳」をもって結ばれた。コ

新栄教会（明治学院歴史資料館所蔵・改変有）

クランの演説のあと、日本で最初に組織された海岸教会の稲垣信《あきら》の短い挨拶があり、日本最初の牧師である奥野昌綱の祈祷があり、最後にメソジスト監督教会のジュリアス・ソーパー牧師の祝祷で終わった。この記念会に花を添えたのは、東京の日本人諸教会に属する女性や少女たちの聖歌隊による合唱であった。グリフィスが言うには、聖書翻訳の歴史は、ヘボン博士と「主の軛《くびき》を共にした」神学博士ネーザン・ブラウン牧師の名前を欠いてはならないという。

聖書翻訳は、日本の文化史上、思想史上に計り知れない影響を与えた。宣教師たちが翻訳したこの旧新約聖書を明治元訳と言っている。翻訳がこの時点で最高の出来栄えであるという評価がある一方で、翻訳上の欠点を主張する者もいた。

その後の聖書翻訳を紐解くと、明治末から聖書改訳運動が起こり、一九一七（大正六）年に『改訳新約聖書』が日本人の手によって刊行された。これを「大正改訳」と呼んでいる。しかし、旧約聖書の改訳は進まず、改訳されたのは第二次大戦後のことであり、一九五四年『口語　新約聖書』、五五年に『口語　旧約聖書』が刊行された。従って、旧約聖書の明治元訳は一九五五年に『口語　旧約聖書』が出るまで読まれたのであった。その後、一九七〇年にプロテスタント、カトリック両教会の共同作業によって、共同訳聖書実行委員会が組織され、七八年には『新約聖書　共同訳』が、八七年に『聖書　新共同訳』として旧新約聖書全巻が刊行された。そして、二〇一八年には『聖書　聖書協会共同訳』が出版されて今日に至っている。

第四章　ミセス・ヘボンの学校とミッション・スクール

ヘボン邸の中庭に集うヘボン塾の子供たちとクララ
（横浜開港資料館所蔵）

1．ミセス・ヘボンの学校——明治学院の起源

◆日本最初の女子教育

ヘボン塾という名称を初めて使ったのは、明治学院の教授、鷲山弟三郎であった。一九二七（昭和二）年に『明治学院五十年史』を執筆した際に、その中でヘボン塾という名称を使った。一八五四（嘉永七）年、ペリーとの間に日米和親条約が締結された結果、横浜村が注目された。ヘボン夫妻は前述したように、神奈川の成仏寺に住んだ。それから横浜村に居留地ができて江戸時代一寒村に過ぎなかった村が、開港によって、国際的な開港場へと一変した。それまでの横浜村は、砂州の上に形成された半農半漁の村で、戸数は一〇〇戸ばかりであった。開港場の場所については、米国は神奈川を主張したのに対し、幕府は横浜を主張、折り合いがつかなかった。幕府の開港場建設担当役人の刑部《おさかべ》鉄太郎《てつたろう》政好《まさよし》が知識人と知られる堀口貞明に具申した。一八六〇（万延元）年、刑部は遣米使節の徒目付として渡米した人物だった。開港場建設を具申したものを見ると、錨地として優れ、舟運の便も良いうえ、人煙希薄であるなどの利点があるとしている。その前提になる考え方には、幕府の主張によって新たに街を作った方が取り締まりやすいという考えがあった。結局、幕府は独断で横浜居留地の建設に踏み切った。時

に、一八五九（安政六）年のことだった。

ヘボン塾が開設した当時の名称は、ミセス・ヘボンの学校（Mrs. Hepburn's school）といった。ヘボン夫人クララは、一八六一年六月二二日のヘボン書簡を見ると、「日本語の教師と私どもの下僕の息子とがクラスを作って、妻が毎日午後一時間または二時間、英語を教えるのです。」と記し、二人とも辛抱強く勤勉な生徒であると言っている。その後、クララが息子のサムエルのことで同年九月に帰米することになって、この学校は休止する。

その後、一八六三年三月三〇日に日本に戻り、同年秋にヘボン塾を再開することになった。林洞海の依頼により林の養子林董三郎（のち董と改名）がヘボン夫妻の所に来た。ヘボン夫人クララから英語を教わり、翌年高橋是清が仙台藩の高橋家の養子となり、一二歳の時、鈴木六三郎と木村大三郎の三人で仙台藩から選抜されて、祖母が付き添い横浜の太田町に家を建て、クララから英語の初歩を学んだ。林董は蘭方医佐藤泰然の五男でヘボン夫妻に可愛がられ、英語の知識を得、のちに英国に派遣され成功する。一八六三年、一三歳の時、のち三井物産社長になった益田孝と一緒に学んでいる。林董からヘボンの子息サムエルに宛てた手紙でも、董は両親に連れられて、横浜に行き、ヘボン夫妻の世話になったとある。「生徒の中の二人が幕府のヨーロッパの視察一行に随行しました」とあるように、一八六六年三月、林と益田は、英国留学の命を幕府から受けているので、それまでクララについて英語を学んだ。なお、林董、高橋是清については、第五章で言及する。その後、クララの英語クラス、ヘボンの医学生の指導、日曜学校が行われて、ヘボン邸は賑わった。明治維新で政権が交代し、一八六九（明治二）年八月、S・R・ブラウンに新潟英学校の教授の依頼があって、ブラウン夫妻はミス・キダーと新潟に赴任した。ブラウンの長女の夫が新潟のイギリス領事代理であった関係で、ラウダーの斡旋で新潟英学校の着任が実現したのであった。三年契約であったが、一八七〇年六月、ブラウンに対し、政府から横浜の英学校である修文館の責任を持つよう依頼された。それに伴ってブラウン夫妻とキダーは七月に横浜に到着した。同年九月からブラウンは英語を教えた。

八月一日、アメリカ長老派教会のコーンズ一家が蒸気船で築地を出発したところ、爆発事故が起こり、コーンズ夫妻は死去。生後三か月の男子ハリーだけが助かった。ヘボン夫妻は、この遺児を養育すること、『和英語林集成』の第二版のため上海に行かなければならないことなどが重なって、クララは忙しくて授業をすることができなかったため、キダーに英語塾を頼んだ。七〇年九月のことで、女子三名、男子二名であった。このようにして、キダーがミセス・ヘボンの学校を引継いだ。これがフェリス女学院の始まりである。キダーは、天職が与えられたという思いでこの子たちを預り、一所懸命教えたのであった。キダーは積極的に授業を展開、一年後、男子は他の教師に依頼し、女子だけを教育。一二名の生徒になっていった。一八七五（明治八）年五月、現在地の山手一七八番に校舎と寄宿舎を建て、同年六月開校式が行われ、翌年九月、外国伝道局は校名をアイザック・フェリス・セミナリー（のちにフェリス・セミナリー）と称することになった。

ヘボン夫妻は、一八七二年一〇月、賜暇《しか》休暇を得たので本国に帰国し、一年間アメリカの生活を楽しんだ。七三年一一月、横浜に戻り、活動を開始した。ニューヨーク滞在中のことでは、アメリカ聖書協会からヨハネによる福音書をローマ字に直し、英文を添えて出版している。また、ニューヨークのアメリカ長老派教会の本部で「日本宣教の起源」について講演をした。同年二月二四日、キリシタン禁制の高札が撤廃された。しかし、明治政府はキリスト教を解禁する法律を出すことなくキリスト教を黙認。そのこともあって、各教派が宣教師の派遣を活発化させ、私塾や学校が現れるようになった。クララは、今まで私塾的な小規模な形の英語教育を施していたが、長老派教会のルーミス、O・M・グリーン等と学校を拡大する方針を取るようになった。

一八七四年一月から新たに出発したヘボン夫人の学校では、ヘボン書簡集によると、「生徒は四八人、そのうち幾人かは、わたしどもの教会の会員です。ルーミス氏とグリーン氏のクラスを含めますと、生徒の数はおおよそ七五名」ということで、大きく前進している。この学校は、クララが女子だけに絞りたいと考えていたが、男子も含めてのクラスになった。カリキュラムは、英語の読み書き、英作文、算数、地理、世界史などの科目が設置され、一二人から一五人のクラスに分けられた。ヘボンが授業前に日本語で福音書を説き、学力によって分けられ、クララは英語クラスを担当した。O・M・グリーンとルーミスは、世界史、算数、文法のクラスを担当した。

同年四月一四日のルーミス書簡では、「通常の出席者は三十人か、それ以上です。O・M・グリーン氏と私が指導している学校も、とても有望です。日ごとの出席者はおよそ二十名です」。安息日学校は六〇名を超えた。その後、男子教育を強化するため、一八七五（明治八）年八月、在日ミッションがジェームズ・H・バラの弟のジョン・C・バラを迎え入れた。ジョン・バラは高島学校や修文館で教師をしていた人物で、アメリカでは中学校長の経歴を持っていた。男子部は、ミセス・ヘボンの学校から分離して「バラ学校」といわれ、ヘボンの住居三九番で、寄宿制を取り入れて、一七歳から一九歳までの三年間、今までより高等な授業をし、授業料も徴収した。

東京一致神学校を卒業し、築地大学校の幹事となった松村介石の「バラ学校追憶談」によると、一八七六年松村介石らが通っていた玉藻学校が解散したため、学校を探していたところ、石川三郎、松本源太郎がバラ学校で学んでいて入学を勧めてくれたので、長田時行ら一〇名余りとバラ学校に転校した。他には服部綾雄、石本三十郎、太田留助、角谷省吾、成毛金次郎、根本正、折田兼至《かねたか》、徳永規矩《もとのり》等が入学して来て、これらの学生のほとんどがルーミスやノックス牧師から洗礼を受けた。この中の成毛金次郎は横浜貿易会社を興し、事業家として成功し、関東大震災でヘボンが建てた煉瓦建ての指路教会が倒壊した時に、一四万三〇〇〇円を献金した人物であった。根本は、一〇回連続で衆議院議員に当選し、未成年者喫煙防止法、未成年者飲酒禁止法制定に尽くした。折田兼至は、一八九〇（明治二三）年の第一回衆議院選挙に当選、実業界でも活躍した。徳永規矩は、一八七八年に上京し慶應義塾に学び、バラ学校に転校、住吉町教会においてノックスから洗礼を受けた。のち郷里に帰ってキリスト教主義の熊本英語学校を設立した。四三歳で世を去った徳永の遺稿を従弟の徳富蘆花が、『逆境の恩寵』という書名で警醒社から出版。明治、大正、昭和にかけてベストセラーの一つとなり、一七版を重ねた。広く読まれた理由は、徳富蘆花の斡旋や名士の序文の影響もあるが、不治の病といわれた結核に冒されながら、貧窮のどん底の中で、神の恩寵と限りない感謝と共に生きたその生涯において、病床で記した文章が迫力をもって読者に伝わって共感を覚えたのである。

一方、女子の方は、生徒が二〇人ほどいたが、クララだけでは難しいので、ジョン・バラ夫人のリディアが応援した。一八七五（明治八）年七月一六日、ヘンリー・ルーミスの司式でジョン・バラとリディア・ベントンが結婚、長老派婦人伝道局の一員となった。その後、リディアは、自宅前の御茶場で働く女性の子供たちが路上で遊ぶ姿を見て自宅に招いて預かり、一八七八年、簡易な御茶場学校を始めた。茶は開港以来、生糸に並び重要な輸出品であった。リディアは、

住吉学校（横浜指路教会所蔵）

さらに発展させたいと考えていたが、長老派教会の方針によって、一八八〇（明治一三）年ジョン・バラのバラ学校が築地に移転、築地大学校を創設したことから、リディアも築地に移った。

ミセス・ヘボンの学校は、一八七六年一〇月三一日、ベル・マーシュが来日、クララの女子生徒を指導し始め、同じ敷地内にあるバラ学校の教師も兼任した。マーシュは、男子クラスと女子クラスが隣接するのは教育上良くないと考え、女子は住吉町教会に隣接する家屋に移転することになり、ヘボン夫妻の承認も得た。しかし、バラ学校の築地移転問題もあってこの話は進まなかった。一八七九年一〇月、マーシュは、アメリカ・バプテスト教会宣教師のトーマス・P・ポートと結婚し、この学校から離れた。その後一八八〇年一月、カロライン・T・アレキサンダーが来日して、住吉学校と校名を変えた。

一八八四年には、神奈川県に「私立小学校設置願」を届けるようになり、住吉町教会の牧師が校長に就くようになった。しかし、一八九九（明治三二）年八月三日に公布された私立学校令第八条と文部省訓令一二号における宗教上の教育、儀式の禁止によって住吉学校は廃校を余儀なくされ、各種学校の女子住吉学校として出直すことになった。

◆ヘボン塾と明治学院

ミセス・ヘボンの学校がジョン・C・バラに委ねられたことはこれまでに述べた。一八七七年一〇月二〇日にオーバン神学校出身のG・W・ノックスが来日、バラを助けた。この年に東京一致神学校が開校されると、原猪作、石原保太郎等何人かの学生がこの神学校に移ったこともあって、東京に新たな男子校を設けるべきだという意見が出るようになった。インブリーもミッション本部に移転すべきとの報告を出している。ヘボンの施療所も建物が古くなってきたこともあって移転することになった。その頃、アメリカ・オランダ改革派教会は、一八七八（明治一一）年、J・H・バラが彼の自宅山手四八番において、男子校先志学校を開設した。その目的は東京一致神学校への入学者を育てるのが趣旨で、教員はブラウンの姪であるハリエット・L・ウィンがあたり、雨森信成が舎監を務めた。その後、フェリス・セミナリーにウィンが移ったため中断を余儀なくされた。これを憂慮したアメルマンが海外伝道局に再開を訴えたことが功を奏し、ラトガーズ大学出身のワイコフが校長として来日した。一八八一（明治一四）年九月二五日、ワイコフは横浜に到着し、先志学校が再開された。当時の学生は二八名、そのうち寄宿舎で生活していた学生が一五名であった。ほとんどの学生は昼間商館やその他の場所で働く者が多く、授業は夕刻から始まるので、夜間学校であった。授業はワイコフが主に教えたが、漢学を熊野与《あたえ》（熊野雄七の父）、星野光多が英語訳読にあたり舎監も兼ねた。学んだ人物ではキリスト教社会主義者となり、東京の第一外国語学校校長となった村井知至《ともよし》、札幌農学校教授となった和田健三、陸軍大学教授野矢丈夫等を上げることができる。横浜の先志学校は、築地大学校との合併が決まり東京一致英和学校となった。

一八八〇年九月一五日、前述のバラ学校が築地七番に移転し、築地大学校として創設された。ジョン・C・バラが校長になり、二〇名の生徒が移った。バラ学校から移った者には、英語がピカ一の石本三十郎、牧師・教育者となった服部綾雄、指路教会の長老となった西村庄太郎、馬場銈作《しょうさく》等がいた。その始め、ジョン・バラの生徒を含めた四五名をもって開校、教授陣は校長ジョン・バラ、学監督トマス・T・アレキサンダー、教授W・インブリー、ジェームズ・マコウリー、田村直臣、漢学教師に山内貢、講師にヘボン、タムソン、スコットランド一致長老教会のフォールズを特別講師に迎えた。予科三年、本科三年の中等・高等教育機関として発展した。

一八七七（明治一〇）年に発足した東京一致神学校は、一八八六（明治一九）年になると、東京一致英和学校並びに同予備校と合併が成立し、明治学院の創立が決議され、翌年に設置許可を得ることになった。現在の港区白金台、すなわち東京府下荏原郡白金村字玉縄台、旧三田藩の下屋敷跡を校地と定め、邦語神学部、普通学部、専門学部を設置した。明治学院は、一八七七年の東京一致神学校の創立をもって明治学院の創立年月日として来た。それは、『明治学院五十年史』、『明治学院八十年史』、『明治学院九十年史』、『明治学院百年史』においても、一八七七年を創立年としていた。この東京一致神学校は、ブラウン塾、長崎のスタウト塾、長老教会在日ミッションの築地六番神学校、タムソン塾、スコットランド一致長老教会のワデルやデビットソンの神学塾が母体となって生まれたのであった。それらが合同して命名された。

東京一致神学校の教授は、アメリカ・オランダ改革派教会のアメルマン、アメリカ長老派教会からインブリー、スコットランド一致長老派教会からはマクラーレン、講師にはタムソン、ミラー、フルベッキが選ばれた。一期生は、ブラウン塾からは奥野昌綱、井深梶之助、植村正久、山本秀煌等九人、六番神学校からは石原保太郎、原猪作、篠原闇蔵《ぎんぞう》、田村直臣等八人、タムソン塾からは鈴木銃太郎、北原義道、服部章蔵、小林格等七人、ワデルとデビットソン塾からは三浦徹、渡辺勝等四人、長崎のスタウト塾からは瀬川浅等が集まった。こうして、明治学院の創立年は、これらの神学塾が合同して誕生したものであった。その後、二〇〇〇年一〇月の明治学院理事会において、創立年をミセス・ヘボンの学校、すなわちヘボン塾が開始されたところまで遡り、一八六三年を創立年にすることになった。明治学院では、ミセス・ヘボンの学校が、一八七〇年、クララがミス・キダーに生徒を託し、そこでヘボン塾は切れているということもあって、一八七七年の東京一致神学校の創立を原点として来たが、東京一致神学校の伝統を受け継ぐ明治学院神学部が、一九三〇（昭和五）年、植村正久の東京神学塾と合併、現在の東京神学大学となり、神学部がなくなったということもあって、ヘボン塾まで遡った考え方を取ることになったのである。

2. クララとキダー——フェリスの起源

◆クララからキダーへ

メアリー・エディー・キダーは、アメリカ・オランダ改革派教会の海外伝道局から派遣された宣教師である。オランダは、一五八一年にネーデルラント連邦共和国を建国、東インド会社を設立、さらに一六二一年、オランダ西インド会社を設立、デラウェア地方にオランダ移民を送った。このようにして、一七世紀のアメリカの東部、ハドソン川、デラウェア川、コネティカット川沿いにオランダのカルヴァン派の人々が開拓し、教会を建設していった。キダーは、一八三四年一月三一日、バーモント州ワーズボロに誕生した。祖先は一七世紀にマサチューセッツ州に移住したピューリタンであった。父は自営農民、七人兄弟姉妹の四番目であった。二つ上の兄と快活に遊び、読書好きな少女であった。ワーズボロから海外伝道に出る者を目にし、『ミッショナリー・ヘラルド』というアメリカン・ボードの雑誌を拾い読みし、海外伝道に関心があっ

メアリー・E・キダー（フェリス女学院歴史資料館所蔵）

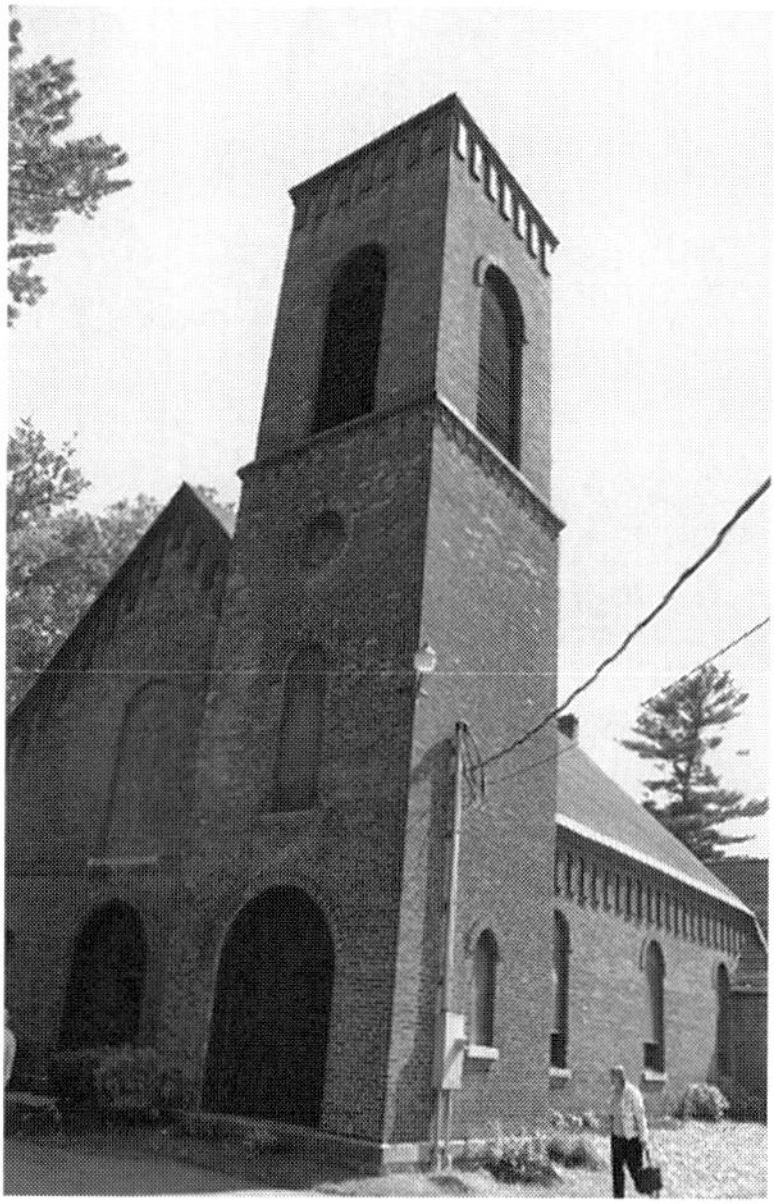

サンド・ビーチ教会（筆者撮影）

た。小学校を出ると、ワーズボロを離れてタウンシェンドの町にあるリーランド・セミナリーで学び、そこで回心した。その後、一八五五年、マサチューセッツ州モンソン・アカデミーで学び、女子古典部に在籍、女子英語部で助手を経験した。一八五一年からニューヨーク州オワスコ・アウトレットのサンド・ビーチ教会でS・R・ブラウンが牧師を務め、教会堂を新たに建築していた。その教会堂は現在もオーバンの街に残っている。ブラウンは同時にオーバンのスプリングサイドで男子校を経営していた。キダーはそこの教師となった。現在、この学校の建物が残っており、スプリングサイド・インという名称でホテルとレストランが経営されている。この頃、オーバン神学校でフルベッキが学び、同時にサンド・ビーチ教会に所属してブラウンの助手的な働きをしていた。この教会には、一八五九年、ブラウン、フルベッキと一緒に来日した女性宣教師キャロライン・エイドリアンスがいた。フルベッキと結婚したマリア・マニヨンもこの教会に在籍していた。

この時、家庭の事情もあってキダーは来日していないが、一八六九（明治二）年、ブラウンとキダーは日本に向けて出発することになった。ブラウンは、六七年五月、火災に遭遇し、一時アメリカに帰国。ブラウンはキダーに女子教育のために来日しないかと働きかけた。すぐさまキダーはこれに応え、六九年七月、完成したばかりの大陸横断鉄道に乗ってニューヨークを出発、八月二七日に横浜に辿り着いた。ブラウンが新潟県英学所の教師として招聘されたので、キダーは一緒に新潟に向かった。三年契約であったが、ブラウンが英語学校の生徒に日曜日に聖書を教えたことが原因で解雇となった。一八七〇年七月、ブラウンは横浜修文館の英語教師に招かれた。キダーは山手二一一番のブラウン邸に住み、前述したように一八七〇年九月二一日からヘボン邸の施療所を借りて日本人に教えることになった。

一八七二年七月、ヘボン夫妻が上海から戻ることになった。そうすると施療所が使えなくなるので、どこかほかの場所を探さなければならなかった。幸いにも県令の大江卓が支援をしてくれることになり、伊勢山の県官舎の一棟を学校に使用させてもらった。アメリカ女性史研究家の小檜山ルイ氏によると、「新しいテーブルと低いベンチ、それにとても素敵な黒板」を整えたと述べている。大江は、自身の給与一五〇円から三〇円を毎月送った。教室には世界地図が掛けられ、シラキュースから足踏みオルガンが贈られたと伝わる。七三年には、生徒が五〇名にもなり、教員も伝道局から派遣された牧師の娘ヘケンボーグ、ブラウンの次女ハリエットが携わった。

ヘボン夫人は日曜学校も運営していたが、『和英語林集成』の第二版のため上海に行ったため、キダーがその日曜学校を引継ぎ、ブラウン夫人が日曜学校を手助けしていたという。学校ではどのような授業が展開されていたのだろうか。『キダー書簡集』を読むと、一八七三年六月四日の書簡には以下のようなことが記されている。なつかしい日曜学校の讃美歌をいくつか歌ったあとで、私たちは聖書の授業をします。各々が聖書の一節を読み、どのような意味を持つか、自分の思ったことを説明する。それから主の祈りを唱える。これらは日本語で行う。それから一二時まで、読み方、綴り方、書き方、歴史、地理、算数の授業が英語で行われる。月、火、水は午前中、木曜日は弁当持参で小さなグループに分かれて畳の上で食事をしながらおしゃべりをする。昼食後、一時から三時まで縫い物、編み物をし、生徒たちはこの時間を楽しんでいるという。金曜日の朝、『夜明け』という小さな本の一、二章を使って、日曜学校の授業の準備をし、午後は裁縫の時間にあてられる。土曜日は休みで、日曜日は日曜学校長として働いた。

一八七三年七月一〇日午後七時半、メアリー・キダーはアメリカ長老派教会伝道局から派遣されたE・R・ミラーと結婚式を挙げた。結婚式の司式はブラウンが行い、アメリカ在住貿易商のコルゲート・ベーカー夫人の山手の家で行った。キダーは、キリスト教式の結婚式に生徒全員を招待した。キリスト教徒が厳粛な結婚式に臨む精神を生徒たちに伝えたいという思いからであった。愛に基づくキリスト教式の結婚式を目のあたりした生徒たちであった。一八七五年五月、山手一七八番に校舎を建てると、ミラーとキダーがこのキャンパスに一緒に住むようになり、結婚後の家庭生活をごく普通に生徒に見せることで、クリスチャン・ホームとはどのようなものかを理解させた。当時の日本の結婚は、結婚年齢が低く、親が決めた相手と結婚するのが一般的であった時代に、一〇歳も若いミラーと結婚したことも驚きであったと思われる。二人の結婚は、違った意味でも注目された。キダーは、アメリカ改革派教会の事業としてフェリス・セミナリーがここまで発展して来たので、この学校をさらに発展させるためにこの伝道局に留まり続けることを考えた。ミラーはアメリカ長老派教会の伝道局から派遣された宣教師で、キダーとは教派が違った。その場合、結婚した場合には女性が男性の所属する教派に移るのが一般的であった。ところが、キダーはアメリカ長老派の伝道局に所属するのではなく、若いミラーがアメリカ長老派教会を離脱して改革派教会の伝道局に籍を移したのであった。もし、キダーが長老派に移籍すれば、この学校は長老派の所属になってしまう。これまでアメリカ改革派教会が資本を投じ積み上げてきたことを考慮すると、それは正統的ではないと考えたのであった。働き続けて来たキダーは、健康を害したので、一八七九（明治一二）年五月、エマ・ウィトベックとハリエット・ウィンに学校経営を任せ、夫妻でアメリカに帰った。一八八一年四月、二年ぶりに横浜に戻ったキダーはフェリスを辞任し、夫のローゼイ・ミラーと共に日本伝道に関わることになった。その後、一八八一年からは、ユージン・S・ブースが着任してフェリスを発展させた。

3．クララ夫人を語る

◆夫人の愛と奉仕

ヘボンとクララとの生活は、六五年余りになる。ヘボンの宣教活動を見る時に、クララ夫人の支援がなければ成り立たないものであった。それは力強い働きであった。"*Hepburn of Japan*"を書いたグリフィスは、「良き妻は主の賜物なり」という題で夫人を讃え、伝記に書いている。「人生の伴侶は神からの賜物である」という考えを抱いて、ヘボンはクララに感謝していた。ホテルが少ない時代、三九番のヘボン邸は横浜に到着した宣教師や知り合いを当たり前のように泊め、その世話をするのはクララであった。ヘボン邸には、成仏寺の時代からメイドとして横浜の池辺から出てきた牧野粂七、芳夫妻がいた。芳はヘボン夫人について英語を学んだが、クララにとって芳はそばから離せない存在であった。芳はクララの通訳もしていた。『指路《しろ》』一九八号（一九三一年一月）によると、芳は一三歳の時、江戸城の大奥へ奥女中の行事見習いとして仕えている。へ

クララ（明治学院歴史資料館所蔵・改変有）

ボン夫妻が夫人の手足となって働く者がいないか求めていた時、神奈川奉行の外国人担当の役人から身元や素性が確かな芳が推薦されたのであった。芳はクララが出掛ける時に付き添うことが多く、クララが授業をする時、側に付き添って時に代わって教鞭を執ることもあった。娘の貞はフェリス・セミナリーを卒業し、その後三留嘉之と結婚し、一九〇六（明治三九）年、横浜住吉町において三留義塾という英語塾を経営した。牧野夫妻は、一八九二（明治二五）年、ヘボン夫妻が帰国するまで世話をした。またグリフィスは、ヘボン夫人クララが家庭の主婦の立場からもてなし役を務め、東洋に在住する米国婦人の数がわずかであった当時、アメリカ海軍の将兵たちはクララを「アメリカ海軍の母」と呼び親しんだと述べている。クララの愛情に満ちた忠告や助言のおかげで、愚かな行為が抑えられ、望郷の思いに耐えかねていた青年たちが癒され、生きる力を与えられたのであった。

ヘボン夫妻が成仏寺に落ち着いた二週間後の一一月一日にブラウン、シモンズが到着した。ヘボンの書簡を見ると、「ブラウン氏とシモンズ博士と、F・ホール氏の三人は、妻子を上海に置いてきたので、わたしどもが彼らの世話を数週間しなければなりません」と言い、喜んで世話をし、お互いの交際も楽しんだとはいえ、やはり重荷が増えたと述べている。三度三度の食事を楽しむのは良いが、来日早々のこと、下働きをする人がいるとはいえ、食物の調達から調理の指揮を取ってもてなすのはかなりハードであったと思われる。一八六〇年四月一日、ゴーブル、エリザ夫人、幼子のドリンダと成仏寺に到着、ブラウンの住む庫裡の一室を間借り、翌五月下旬、境内にある末寺見松院側の小家を入手して移った。その頃、ヘボン宅に旧友カルバートソンの夫人が静養にやって来て一か月過ごし、回復したので上海に戻った。また同年七月には、ヘボンが、「クララはかなり多忙です」と書いている。

「今は前よりも、もっと忙しいのです。（中略）今は寧波からネビウス夫妻が来ておられるし、英国人のハウエル夫人は上海から来ておられ、両夫人とも病人なのです。ネビウス氏もかなり弱っています。」（一八六〇年七月一七日付ヘボン書簡、『ヘボンの手紙』）

クララの体力は過労に耐えられず、ヘボンは、「わたしの予想では、倒れてしまうか、やりきれなくなって本国に帰ることになるでしょう」と述べている。

一八六一年八月にクララが帰米し、六三年三月三〇日、日本に戻ると、その秋からミセス・ヘボンの学校を始めた。勿論、この学校はヘボンと相談しながら運営を進めた。その学校は、三つに分かれて発展した。一つはジョン・バラに引き継がれてバラ学校から築地大学校、そして合併して明治学院として発展した。二つ目はミス・キダーに引き継がれてフェリス・セミナリーとなり、現在のフェリス女学院を生み出すことになった。三つ目は、住吉教会に付属する形で、「住吉学校」という小学校を経営した。教会堂の隣に教室を増築し、地域の子供たちのための学校を作り、代々の牧師が校長となって運営した。こうしてみると、クララは、ヘボンと協力しつつ女子教育を発展させたパイオニアということができる。日本は儒教の影響もあって、女子に教育を施すことが遅れていた。そこに目を注いで蒔いた一粒の種は、近代日本の女子教育を切り拓くものとなって大きく成長していった。前述のように彼女の塾は、ミス・キダーに引き継がれて立派な女学校に発展した。その動きは全国のミッション・スクールの先駆けとなったといえる。今日の横浜では、フェリス女学院の他に、横浜共立学園、横浜英和学院、捜真学院、横浜雙葉学園として歴史に名を留め、男子校では関東学院を生み出し、高い評価を受けている。

ヘボン夫妻の家庭では、サムエルただ一人が成長し、それ以外の子は生き永らえる事ができなかったが、いつも家族同様に育てられた子供がいた。一八七〇年八月一日の暑い夏、東京築地の波止場から横浜に向かって蒸気船が走り出した。収容人員一五〇名の船に一七三名が乗船、シティ・オブ・エド号の汽缶（ボイラー）が破裂して多数の死傷者を出した。フルベッキの推薦で大学南校の英語教師に就任したコーンズは、夏期休暇で妻と長男エドワード（一歳半ぐらい）、次男ハリー（生後三ヶ月）、イギリス人の子守メアリー・シモンズ、日本人子守の六人で乗船していた。そのうち日本人子守と、ハリーを除いた四人が犠牲者となった。横浜外国人墓地（二〇区四八）には、エドワード、アリダ夫人、エドワード・D・コーンズが眠っている。

その日、ヘボン夫妻は出掛けていて夜遅く帰宅、聞いた最初のニュースに激しいショックを受けた。ハリーは両手をひどく火傷し、おできと皮膚の発疹を患っていた。夫妻は、孤児となったハリーを引き取って自分たちの子供として育てたいと考えていたが、のちにアイオワ州に住む祖父に引き取られた。（斎藤多喜夫『横浜外国人墓地に眠る人々』有隣堂　一七〇頁参照）

◆愛する息子サムエル

サムエルは、一八四四年四月九日に生まれた。正式名は、サムエル・デビッド・ヘボン（Samuel David Hepburn）である。ヘボン二九歳、クララ二五歳の時であった。それは、中国伝道の最中の厦門で医療宣教活動をしていた時に誕生した次男であった。一八四一年三月一五日、ボストン港よりシンガポールに向かった。アヘン戦争が、一八四〇年から始まったので、宣教活動は思うようにはいかなかったが、前述したように、一八四三年一一月、ヘボンは、W・H・カミングやアビールと協力して厦門で病院を開設し、医療伝道を行った。しかし、ヘボンとクララはマラリアに罹り、生まれたばかりのサムエルとクララをマカオへ避難させたが、クララの病気が回復しないこともあって、これ以上留まることは難しいとして一八四五年一一月ニューヨークに戻った。その後、ニューヨークで一三年間医療活動を展開、日本の開港を知って一八五九年一〇月に来日した。その時、サムエルを日本に一緒に連れてくることも考えたが、教育の大切さを考慮し、代々学んでいるプリンストン大学に入学させた。しかし、サムエルはヘボンのような学究肌の人間ではなかった。友人ヤングに託したが、折り合いがよくないこともあって、大学に留まることができず、中退せざるを得なかった。一八六四年、同大学を退学、一八六五年八月来日、横浜居留地三九番の宣教師館に住む。同年に一〇月二七日は、ヘボン夫妻の銀婚式の祝いの席に息子サムエルが加わった。

「あの子がここに来てくれたことは、わたくしどもにとって、とても大きな慰めとなりました。息子は物静かな子で、それでいてなかなかしっかりしており、それに親切でやさしい子ででございます。家にばかりいて、父かわたくしかが一緒でなければ、外出もいたしません。ただあの子が本当のキリスト者になってくれれば、わたしどもの幸福の盃は溢れるのでございますが、あの子は適当な職業を得て、仕事に励んでいます。」（一八六五年一一月一八日付クララ書簡、『ヘボン在日書簡全集』）

ヘボンは、『和英語林集成』の出版で世話になったウォルシュにサムエルの就職を依頼した。サムエルは、ウォルシュ・ホール商会で働くことになった。一八七三年、彼は一時帰国し、クララ・ショー（Clala E・Shaw）と結婚し、一八七五年、横浜山手一三八番に家を建てた。ヘボン夫妻は、三九番から山手二四五番に移転、サムエルとは歩いて七、八分ほどの所に家を構えて、ヘボン夫妻が帰国するまで親子の交わりが続いた。横浜プロテスタント史研究会がサムエルのアルバムを所有し、横浜開港資料館に寄託している。そのアルバムには、スポーツ好きで動物好きのサムエルの明るい姿が映し出されている。体は比較的に小柄で、ボートレースのコックスをしたという。横浜では、外国人野球チームに所属していた。最初の試合は、一八七一（明治四）年九月三〇日のことで、横浜外国人居留民対アメリカ軍艦コロラド号の水兵の試合が行われた。コロラドチームが一四対一一で勝利した。一八七一年、開成学校教師としてホーレス・ウィルソンが来日、課外活動の一環として野球を教えたのが日本野球の始まりである。彼はチームを結成、サムエルもそのチームに所属し、ピッチャーとして活躍した。一八七六（明治九）年、横浜ベースボールクラブ（ＹＢＢＣ）が三五名の会員をもって発足した。一八八一（明治一四）年サムエルがこのクラブの会長に就任している。彼は、会員の交流と健康の維持増進をはかり、野球の発展に貢献した。その後、野球は日本のスポーツとして普及していった。明治学院が築地居留地から白金に移転

長崎の南山手バックグランド邸の庭に集うサムエルと仲間たち（後列左、ゴルフクラブを持つサムエル、後列右がサムエルの夫人クララ）（横浜プロテスタント史研究会所蔵）

したことにより、野球ができる場所を得たので、ベースボール・チームが生まれた。一八九〇（明治二三）年五月一七日、本郷向ヶ岡一高グランドにおいて、第一高等中学校と対戦、明治学院が六対〇で勝利した。神学教授のインブリーとアメルマンが応援に向かったが道を間違えて到着が遅れた。二人は生垣のある土手を登ってグラウンドに入ろうとした。インブリーは登ってグラウンドに入ったが、アメルマンはよじ登れないので迂回した。試合は六対〇で明治学院が勝っていた。その時、一高生一〇数名がインブリーが神聖なグラウンドに土手から入ったとは何事かと言って、インブリーを取り囲み、顔面に怪我を負わせた事件が勃発した。これをインブリー事件といい、内外の新聞で取り上げられ話題となった。被害者の明治学院側の井深梶之助総理や宣教師と加害者である一高側の努力により、一高側の謝罪もあって五月末に収束した。

その後、サムエルは日本郵船に高給で迎えられ、一八八九（明治二二）年から二年間横浜支店長を務めた。一八九二（明治二五）年、ヘボン夫妻が帰米するが、サムエル夫妻は日本に留まり、一八九六（明治二九）年、サムエル夫妻は長崎に移住、スタンダード石油長崎支店長となった。一九〇八（明治四一）年東京に転任、一九一〇年に退職するまで、四五年間日本に滞在した。その後は、ペンシルヴェニア州ロック・ヘブンで過ごし、一九二二年一月八日に亡くなった。享年七七。

◆クララ夫人とクララ・ホイットニー

　クララ夫人が人々からどのように見られていたか、またヘボンとの生活はどうであったのかという日常的な側面を見ることによって、ヘボン夫妻の全体像が見えてくるのではないかと考える。クララ・ホイットニーは、幼くして一家で来日し、ヘボン夫妻と親しくし、貴重な日記を残している。そこには、ヘボン家と交流した思い出が綴られているので、そこからヘボン夫妻のごく自然な姿を顧みたい。

　クララ・ホイットニーの父は、ウィリアム・コグスウェル・ホイットニーといい、一八七五（明治八）年一橋大学の母体である商法講習所の初代商学教師として来日した。ホイットニー一家は、ウィリアムとアンナ夫人、長男ウィリス、長女クララ、次女アデレードの五人で、ニューアークにある財産を処分して来日した。一八七〇年、森有礼《ありのり》は少弁務使（のち代理公使）として渡米、富田鐵之助はウィリアムの商業学校に学んだことからホイットニーと深いつながりを持った。森有礼は、明治政府の意向を受けて、二人の教育者を選び文部省に推薦するのに関わった。その一人がラトガーズ大学教授のマレーで、文部省学監として、わが国の教育制度の道筋をつけた。これにはフルベッキも関わった。森も富田と同様留学中にホイットニー家と交際があった。『クララの明治日記』は、一八七五年八月三日横浜に到着した時から始まり、一八八四（明治一七）年一一月一二日まで書かれ、その後空白があって、八七年四月一七日に終わっている。クララ・ホイットニーは、勝海舟の三男梅太郎と結婚した。八六年四月、クララは、四つ年下の梅太郎の子を宿して六か月になっている。極めて珍しい国際結婚である。横浜に到着した時の年齢が一四歳、多感な時期で活発な初々しい少女が、自由奔放に筆を走らせている。一八七五年、ヘボン夫妻は住み慣れた三九番のヘボン邸から山手二四五番に住むことになるが、その前に古家に一時住むことになった。同年九月二四日、クララ夫人が自分の馬車にホイットニーを乗せ山手地区へ連れて行ってくれた。「どの側からも眺望が見事で、私が気に入ったのは湾側の眺めだった」と率直なタッチで書いている。翌年の二月九日、クララ・ホイットニーが帰宅すると、「ヘップバン夫人が留守中に訪れたというので、盛さんと人力車で築地に夫人を探しに行った。そこで、カロザース家とミス・ヤングマンの所に寄ったが、すでにヘップバン夫人は帰宅したとのことであった。」というように、宣教師仲間同士が行き来する様子を見ることができる。このように、ホイットニーがいかにヘボンを慕い、夫人から可愛がられていたかがが手に取るように分かる。一八七七年八月、「一週間横浜のヘップバン家に行った。ヘップバン先生のお宅で素晴らしい日々を過ごした」という。

「ハッさんとサダとはよく庭で遊び、タマにエプロンを作くったりしておもしろかった。ヘプバン先生の弟子にカドヤさんという医学生がいるが、やはり音楽に秀でていて、クリスチャンでもある。ヘップバン夫人は私たち二人に一緒に、教会の讃美歌を練習させた。それはカドヤさんにはっきり覚え込ませるためだったのだが、私も結構楽しかった。このカドヤ・セイゴさんは友だちとしても面白いが、声もよくて、私たちが二人歌うとヘップバンご夫妻はお喜びになった。」（一八七七年八月三一日付クララ・ホイットニー書簡、『クララの明治日記』上　講談社）

ハツさんは不明だが、サダは牧野粂吉、芳の子で、この三人は住吉町教会の草創期の信者になっている。カドヤは角谷省吾といって、この教会の創立期のメンバーで、一七歳の時、オルガンをヘンリー・ルーミスの夫人ジェーン・ヘリングに習っていた。讃美歌を二人で、あるいは皆で歌ってヘボン夫妻を喜ばせた。この年のクリスマスの時期に、横浜に住む医者のシモンズの家で抜き打ちの誕生パーティーに参加し、その晩はヘボン家に泊った。「ヘップバン先生は、私にまるでお父さまのように親切にして下さる。家に入って行った時に腕に抱いてキスして下さった。祖父が生きていたら、きっとこのように可愛がってくださっただろうと思った。」と日記に書き、普段見ることのないヘボンの優しい姿を見ることができる。この時、シモンズは、ヘボンの家にお茶に招かれ、その間にパーティーの準備に取り掛かったのであった。

一八七九年七月三日、アメリカ合衆国前大統領グラント将軍一行が横浜に到着、二日後の七月五日に歓迎会が開かれた。その時、クララ・ホイットニーもホートン夫人の二輪馬車に乗って上野の精養軒に出掛けている。クロークで、森有礼が案内され気持ちよい応対であったと記している。将軍一行がやって来ると、将軍を通すためにさっと分かれた。

「最初にグランド将軍夫妻が、ヘイル・コロンビアの吹奏裡にしっかりした足どりでホールに入場され、最上段の席につかれた。つづいて、ヘップバン博士夫妻、マッカーティー博士夫妻、ビンガム判事（駐日公使）、同令嬢、ワッソン夫人、ヴァン・ビューレン将軍、デニソン領事ら多数の人々がこれに続いた。それから各自が階段を上がって将軍にお目にかかった。シモンズ博士が母を、森氏が私を紹介された。愛する祖国の前大統領との初めての会見に、私は名状しがたい気持ちに襲われた。暖かく私と握手されたが、「始めまして、ミス・ホイットニー」と親切に挨拶されたが、光輝ある星条旗の下で、そのやさしい青い眼と正直そうに日焼けした顔を仰いだとき、私は感動の極に達し、祖国への誇りと、アメリカ人であるという歓びをかみしめた。」（一八七九年七月五日付クララ・ホイットニー書簡、『クララの明治日記』下　講談社）

全員の紹介が済むと、ビンガム公使が短いスピーチをした後、グラント将軍が簡単な答礼をなした。日本でこれほどまでに歓迎されたことは大きな歓びであり、帰国後も忘れることはないだろうと述べると大きな拍手が起こった。次に夕食に入った。続いて、マッカーティー博士がテーブルを叩き、「合衆国大統領」に乾杯をした。この後、ヘボン博士のスピーチがあった。大統領の苦難の道のりを語り、国の支配者の地位まで上ったのに、私たちと全く変わりない立場であられることに尊敬すると語った。終わると、ビンガム公使が肩を叩いて、「博士、大統領になれるくらいのスピーチじゃありませんか』と冷やかし、みんなで笑ったと、屈託のない一九歳の若い目でその情景を捉えて書いている。

ホイットニー一家は、勝海舟の世話になった。前述したように、一八七五（明治八）年、商法講習所の教師として来日、森有礼邸に住んだ。七六年七月教師館に移るが、三年後の七八年五月に解雇される。津田仙経営の簿記夜学校、そして金沢師範学校に赴任、同年一二月にはホイットニー一家が赤坂の勝海舟邸内に移るというように、一家は苦しい道を歩んだ。八〇年、ホイットニー一家は帰米した。八一年には、長男のウィリスがペンシルヴェニア大学を卒業医者となった。その後、八二年四月、一家は再来日を決めてフィラデルフィアから出帆したが、同年八月、父ウィリアムがロンドンで客死、翌八三年四月にはアンナ夫人も死去、どん底を味わった。

その後、同年五月、ウィリスは氷川町に四〇〇坪の土地を購入、病院の準備を始めた。そのような中で、クララ・ホイットニーは勝海舟の世話になる中で、八六年五月勝の息子の梶梅太郎と結婚するのである。その頃、彼女の日記は空白であるのが残念である。梅太郎は、勝と母梶くまとの間に生まれた三男坊であった。梅太郎は、年下で偉丈夫でお人好し、クララは梅太郎と会ってから弟のように可愛がり、次第に愛すべき男性であることを意識していく過程が日記から窺える。クララは一男五女に恵まれたが、生活力のない梅太郎に苦労し、明治女学校の教師にもなった。しかし、一八九九（明治三二）年一月一九日頼りにしていた勝海舟が死去、クララにとって大きな打撃となった。クララ・ホイットニーは考え抜いた結果、遂に翌年五月、子供を連れてアメリカに渡った。子供たちに教育をつけなければならないことを悟り、最後の記念写真を撮って梅太郎と別れを告げたという。

第五章　横浜在日三三年

1890年　ヘボン一家の写真
（前列左から、ヘボン夫妻の姪、ヘボンと夫人クララ、
後列左から、息子サムエルと夫人、ヘボン夫人の妹）
（野田秀三氏所蔵フィルムより）

1．ヘボンに連なる人びと

◆林董・高橋是清

一八六三年秋、ヘボン夫人のクララがミセス・ヘボンの学校を開設。林董、高橋是清、鈴木六之助、益田孝、服部綾雄、三宅秀等の逸材が英語を学んだ。ここでは、政府に認められて出世した二人の人物、すなわち外務大臣になった林董と総理大臣にまで上り詰めた高橋是清について触れたい。一八六三年三月にヘボン夫人が日本に戻って来て、この年の一一月、林洞海の依頼により、林董に英語を教えた。実は、林董は佐倉藩の蘭医で有名な佐藤泰然の子で、董三郎といったが、泰然の直弟子である林洞海の養子となって董と改名した。クララが日本に戻って初めての教え子が林董であった。それだけに力を入れ実子のように育てた。三年間丁寧に教えたが、一八六六（慶応二）年英国留学を命ぜられ、同年一〇月二五日、横浜を発った。帰朝後、榎本武揚の下で箱館五稜郭に立て籠もり官軍と戦った。英国公使のハリー・パークスに「英人の通訳あり」と間違えられたほどであった。その後、日本政府に認められ、外交官に抜擢され、英国大使となり日英同盟の締結に尽力した。さらに外務大臣、逓信大臣となり、伯爵を与えられ華族となった。

高橋是清は、一八五四（安政元）年の生まれ。三、四日も経たぬうちに高橋家に里子に出され、仙台藩の高橋覚治の養子となった。一二歳の時、同じ仙台藩の鈴木六三郎、木村大三郎と選抜され英語の修行に行くことになった。心配した高橋の祖母が太田町に小さな家を建てて、一緒に住み、クララから英語を習った。『高橋是清自伝』には、「私と鈴木とは『ドクトル・ヘボン』の夫人について英語の稽古をした」といい、一八六六（慶応二）年一〇月『和英語林集成』の出版で、ヘボン夫妻が上海に行くことになったため、J・H・バラ夫人に二人を託した。バラ夫人、旧姓マーガレット・テート・キニアが二人を引き取り英語を教えた。同年一〇月二〇日午前八時頃、末広町の肉屋から出火、横浜が大火に襲われた。英語の授業中で、鈴木と高橋は、彼等の家が心配なので帰宅しようとしたが、マーガレットに授業だからと止められた。ところが、バラ邸の隣の英国領事館に火が入ったので、帰宅が許された。高橋是清伝には、家に火の手が迫って来たので防火に努めたが、二人は離れ離れになったが、祖母が神奈川から引き返し、三人が出会って喜んだという。

一八六八（明治元）年、森有礼がアメリカから帰国すると、外国官権判事に任ぜられ、神田錦町に住んでいたが、城山静一、鈴木六之助と是清の三人を邸内に引き取った。その頃、森有礼は二三歳で独身であった。家には、岸田吟香の甥と飯炊き夫婦がいた。「俺が英語を教える」と森は考えたが、忙しいので一々教えるわけにはいかない。お前らの中で、「一番覚えがよい者一人だけに教える」と言い、それを他の者に教えるのだと言い渡した。なんとその一人に是清が選ばれた。

一八六七（慶応三）年七月、藩費留学生として渡米、六八年一二月帰国、六九年大学南校が生まれて、三人は同校に入った。ところが、英語ができるということで、三人とも大学南校の教官三等手伝いになった。七〇年、森が渡米することになり、彼等をフルベッキに託した。教頭のフルベッキについてバイブルの講義を聴いているうちに、自ら「自然耶蘇教信者の一人となった」とクリスチャンになったことを告白している。七六年是清二三歳の時、祖母の勧めもあって、高橋幸治郎の異父妹の香と結婚した。七八年、仕官を終えたフルベッキのために洋館を提供、その後のフルベッキの伝道に力を貸した。八七年、新設の特許局長になるが、八九年にペルー銀山経営で失敗。一八九二（明治二五）年、日本銀行に入行、九五年横浜正金銀行本店の支配人となり、松方正義に金本位制を提言した。一九一一（明治四四）年、日銀総裁に就任、日露戦争にあたり、一九二一（大正一〇）年の原敬暗殺の後を受けて政友会総裁となり内閣を組織、蔵相も兼務した。翌年、下野するが、二四年から護憲運動を起こし、貴族院議員を辞し衆議院に立候補。加藤高明護憲三派内閣の農商務相となり、翌年引退した。一九二七（昭和二）年、田中義一内閣に迎えられ、経済恐慌下にモラトリアムを行った。満州事変後も蔵相として戦時経済に貢献したが、軍部の要求を抑えたこともあって青年将校の反感を招き、二・二六事件で暗殺された。

◆ヘンリー・ルーミス（Henry Loomis）

ルーミスは、一八三九年三月四日、ニューヨーク州バーリントンに生まれた。ルーミス家は、一六三九年、コネティカット州ウィントリアにイングランドのブラントリーから移住。父をノア・コールマンといい、八人兄弟姉妹の下から二番目であった。二〇歳の時、ハミルトン大学に入学するが、南北戦争が勃発すると北軍の義勇兵として参加。ファイブフォークの戦役後、陸軍大尉になった。一八六五年、戦争終結後、ハミルトン大学に戻り、翌年オーバン神学校に入学して卒業している。来日前、ヘボンがルーミスに連絡して、必要なものを横浜に届けてもらっていた間柄であった。一八六九年二月、ヘボンは単身アメリカに帰国、同年九月に日本に戻っている。なぜ、彼が急に帰米したのか不明であるが、八月の書簡では、「ルーミス氏は元気でした、今、同氏と旅行しております」と報告している。このように、親しくルーミスと旅行をし、その後ルーミスが来日し、教会を立ち上げてい

ヘンリー・ルーミス（Henry Loomis Friend of the East から）

く点を考えると、二人の間になんらかの約束があったものと考えられる。

ルーミスは、来日前の一八七二年三月、ジェーン・ヘリング・グリーンと結婚した。ヘリングの兄D・C・グリーンは、神戸で日本伝道に尽くした牧師であった。曾祖父にロジャー・シャーマンがいる。彼は、アメリカ独立宣言の起草者の一人としてトーマス・ジェファーソンらと名を連ねている。ルーミス夫妻は、同年五月二四日、横浜に到着した。彼は、O・M・グリーンとミセス・ヘボンの学校で教え、その中から受洗者を出した。七四年七月五日には一〇人の受洗者を生み出し、六月にはカナダ・メソジストのコクランより受洗した南小柿洲吾を加え、さらに同年九月一三日には七人の受洗者が生まれ、一八人の信徒によって横浜第一長老公会（現横浜指路教会）が創立され、ルーミスが仮牧師に就任した。彼は讃美歌の編纂に努力し奥野昌綱の協力を得て、一八七四年、一九編からなる『教のうた』を作った。この前年には『教のうた』より小さい讃美歌（一六編）を編集、出版したといわれているが、残念ながら現存していない。ヘボンもルーミスを助け、説教を担当している。ルーミス夫人のジェーン・ヘリングはオルガンが弾けたので、礼拝後にルーミスの指導で讃美歌の練習をし、ルーミス家に集まると、オルガンの調べにあわせて讃美歌を歌った。しかし、ルーミスは健康を害し、七六年、教会を辞任した。八一年には健康を取り戻し再び来日。横浜居留地四二番のアメリカ聖書協会の支配人となり、同時に同協会の朝鮮支局長を兼務し、聖書の普及に尽力した。ヘボン夫妻とルーミス夫妻はよく行き来し、ヘボン夫妻が九二年に帰国するまで交流が続いた。

ルーミスと朝鮮との関わりを挙げると、李樹廷《イスジョン》との出会いがある。一八八二年（明治一五）年九月二〇日、修信使朴泳孝《パクヨンヒ》の非公式随員として来日し、東京外国語学校で朝鮮語を教えた。友人の農学者安宗洙《アンジョンス》を通じて、農学者の津田仙を訪ねる。津田からキリスト教の教えを聞き、漢訳聖書を貰って読み、神学者ノックスと安川亨を紹介され、長田時行から聖書を学んだ。八三年四月九日芝露月町教会（現芝教会）で安川牧師から洗礼を受けた。ヘンリー・ルーミスから聖書の翻訳を勧められ、漢訳聖書の翻訳に取り掛かり、漢字の右側に傍注を付ける近代漢字ハングル交じり文を作り出して翻訳した。この翻訳の出現がハングル訳聖書に道を開いたと言えよう。一八八六年五月李樹廷は朝鮮に戻ると、日本における活動に嫌疑がかかり、捕らえられて惨殺された。

ルーミスは多才であった。彼は自然に接するのが好きで、考古学にも関心があり、土器や石斧を収集した。『日本蝶類図譜』の著者であるH・J・S・プライヤーと親交があり、蝶の採集をよくやった。一八八二年、千葉県の鹿野山において、シジミチョウ科に属する蝶(ルーミス・シジミ）を発見した。娘のクララ・ルーミスは、現在の横浜共立学園に二四歳の若さで就任し、三五年間校長を勤めた。スペイン風邪が猛威をふるった頃、一九二〇(大正九)年、長年連れ添った夫人が、四月二八日に突然永逝した。ルーミスは同年八月に開かれたミッションの会議に出席して元気であったが、同年八月二八日、子供たちに見守られながら、夫人の後を追うように召された。八一歳であった。横浜外国人墓地（二区六三）の墓石には、ヘンリー・ルーミスとその妻へリングの名が上下に刻まれ、幼子ロバートの名もある。イザヤ書第三三章一七節「あなたの目は美しく装った王を見つめ」と書かれ、両親の墓石の前にはクララ・ルーミスの記念碑がある。

◆イザベラ・バード（Isabella Lucy Bird）

イザベラ・バードは、一九世紀の大英帝国の旅行家・紀行作家である。一八三一年一〇月一五日、イギリスのヨークシャーで牧師の二人姉妹の長女として生まれた。幼少時、病弱で北米まで転地療養したことがあり、それが契機となって次第に旅に憧れるようになる。その魅力的な紀行文によって、ヴィクトリア時代の代表的な旅行家になった。一八五七年、父親が亡くなり、母親と妹と共にエジンバラに転居した。その後、世界では珍しい女性旅行家として世界中を回った。一八七八（明治一一）年五月から一二月までの七か月間、日本に滞在。公使パークスらの支援を受けて日本を旅した。その内地旅行は、アイヌの拠点平取、関西・伊勢方面をめざす旅であった。イザベラ・バードについては、金坂清則氏がバードの『完訳 日本奥地紀行』の翻訳で日本翻訳出版文化賞を受賞している。その研究によりながら、バードがヘボン家に宿泊しているので、バードとヘボン夫妻との関係を中心として述べたい。

バードは、シティ・オブ・トキオ号に乗り込んで日本に到着し、一八七八年五月二一日から紀行文を書いている。領事館を訪れ、英国代理領事ウィルキンソンから情報を得て、日本の旅の計画を考えた。六月七日、英国公使館に行き、一週間の予定で横浜に出掛け、山手のヘボン夫妻の住居を訪れた。そこには、香港のバートン主教夫妻も来ており、ヘボン邸に滞在。楽しい時を過ごしたと記している。このように、度々ヘボン夫妻はお客を招き入れては世話をした。残念ながら、ヘボン書簡からは、バードが宿泊した記述はない。

先ず、日本を旅行するには、従者が必要で、それも英語が話せる相手が必要であった。そこでヘボン同席で面接をすることになった。一人目の面接では、「英語を話せますか」とバードが言うと、「はい」と答えるが、単語をでたらめにつなぎ合わせる始末であった。二人目は立派な風采をした三五歳の人物で和服を着ていた。ごくわずかの英語しか知らない。料理をする女中は雇わないというと、狼狽してしまった。三人目は、ウィルキンソンが推薦した人で、質素ないでたちであるが素直そうで知的な顔立ちをしていた。ヘボンはこの人物に日本語で話した。

イザベラ・バード（出典：https://commons.wikimedia.org/wiki/File:Isabella_Bird.jpg）

バードが話したことをどうやら理解したところがあった。この人物を雇おうと考えていたところ、そこにヘボンの使用人の一人と知り合いという人物で、推薦状を持たない男が現れた。年齢は一八歳、背は一四七・三センチで、蟹股《がにまた》であるが、均整が取れて丈夫そうだった。かつて米国公使館におり、大阪鉄道の職員だった。英国の植物学者マリーズに同行、本州北部を抜け蝦夷に入ったことがあるという。英語も書くこともできるし、一日に四〇キロ歩けると答えた。バードはこの伊藤という男の英語が分かった。そこで、月一二ドル(約一二円)の条件で雇った。当時の小学校の教師の初任給が五円程度であったことを考えると、かなり良い賃金であった。少し後で、この男が戻って来て一通の契約書を差出し、「誠心誠意仕える」ことを誓い、契約書に押印した。翌日、この男が一か月の給与を前借させてもらえないかと頼んできたので払った。ヘボンは慰めるようにバードに言った。「あの男は、二度と現れないと思う」と言った。バードは心配であったが、その男は六月六日の指示した時間にやって来た。

六月一五日のこと、日光の金谷邸に宿泊した時の記録である。金谷邸とは現在の金谷ホテルである。六月二一日の記録では、「日光とは『日の輝き』の意味で、その美しさは詩歌や絵になっており讃えられている。神として崇められる男体山、それに連なる山々、素晴らしい樹木からなる森があり、静寂な静けさの中に湖水の中禅寺湖がある」と、その情景を鋭く描いている。バードが泊まっている金谷邸は、二階建ての天井の低い家で、「金谷カテッジイン」といわれ、現在も「金谷侍屋敷」という名で残っている。金谷の家族は、戸主は金谷善一郎という東照宮で雅楽の笛を吹く人物で、母の珠と妹のせん、他に妹の息子・娘、下男が住んでいる。家と庭は常に手入れをして美しく整っている。金谷はこの村の村長で知的で教養があるとバードが書いている。金谷善一郎は九代目の当主で、東照宮の楽器の笙《しょう》を担っていた。「笙は吹き口がついた匏《ふくべ》といわれる部分の上に、一七本の細い竹管を円形に並べ束ねたもので、一七本の竹管のうち一五本の下部に簧《した》といわれる金属製のリードが取り付けられてある。演奏は匏の部分を両掌で支え、両指で竹管に空けられた指穴を押さえ吹き口から息を吐いたり吸ったりして簧を振動させて音を出すのである。」（中橋弘之『金谷カテッジイン物語』文藝春秋より）バードは「金谷さんは神社での不協和音演奏の指揮者である」と記述している。

善一郎は一八五二（嘉永五）年生まれで、一八六六（慶応二）年に金谷家を一四歳で相続している。善一郎の長男金谷眞一が『ホテルと共に七拾五年』の中で、「此の外国人が宿るところがなく難渋して居るのを見た父は、武士としての義侠心から幸い自分の家に室がある」として泊めた。これがヘボンと善一郎を結びつけた。ヘボンを泊めたのは、一八七〇年七月のことであった。八月一日のヘボン書簡には、「わたしと妻とは約三週間、山岳地帯で過ごし」と書いている。この時日光に行っていたのである。しかし、考えてみると、何の手がかりもなく日光に行くのは説明がつかない。慎重なヘボンからいうとありえないのだ。一八六九（明治二）

1888 年当時の金谷カテッジイン（金谷ホテル歴史館所蔵）

年、奥野昌綱は娘婿で静岡の士族である近藤周興から友人の小川義綏を紹介された。七〇年五月、ヘボンは、「一ヵ月約八ドルで翻訳の原稿を筆写するため」奥野昌綱を雇った。昌綱が養子に入った奥野昌忠の子に隆恭がいる。隆恭は昌綱の妻きみ子の兄であった。隆恭は第一〇代輪王寺宮舜仁親王の命で中橋家の養子になった。中橋と金谷善一郎とは親戚で、その関係で昌綱は金谷と親しい間柄であった。ということから、夏の蒸し暑い時に奥野の紹介で日光に避暑に行ったのであった。

一八七三年六月、外国人専用旅館金谷カテッジインを開業した。その調査では、東照宮の楽人を続けた時の収入を書き留めている。一八七九（明治一二）年の善一郎楽人扶持代証文には「一ヶ年金三拾円」、月割り計算では一か月二円五〇銭、その他日光の授産所の書記勤め月給一円七五円で、合計しても四円二五銭である。当時の米価の一俵が二円八〇銭であることを考えると、薄給であった。ヘボン夫妻が金谷家に泊った時、善一郎は一八歳で、快く迎えてくれた。ヘボンは、今後の日光のことを考えると、国内旅行の制限も次第に解かれ、東京・横浜に住む外国人がやって来て避暑を楽しむことを考えて、善一郎に宿の開業を勧めた。「自分も外国人に宣教師仲間に宣伝するから」と言ったようだ。開業後の様子では、コッテージが足りなくなって近所の家に割り振って泊まってもらい、外国人好みの食事も用意するようになった。記録によれば、一八七〇年、一八七五年、一八八九年、一八九二年の四回、金谷カテッジインを訪れた。九二年というと、同年一〇月二二日にヘボン夫妻が帰米しているので、発展してる様子を見て別れを惜しんだことが読み取れる。

ところで、イザベラ・バードと日光との関係に話を戻そう。バードの『日本奥地紀行』が欧米で評判を得て、金谷ホテルが知られるようになり欧米人の宿泊を促した。バードは金谷カテッジインを訪れた時、しとやかで上品な顔立ちの金谷の妹、せんが出迎えてくれて靴を脱がしてくれた。助け手の伊藤も一緒に泊った。バードが、一八七八年に日本にやって来た時は四七歳で、その後六三歳（一八九四年）の時二回、六四歳、六五歳と五度日本にやって来た。最初の日本旅行では、前述したようにヘボン邸に滞在、六月九日東京を出発、六月一三日日光に着き、一二日間滞在し、六月二四日に日光を発って奥地旅行に入った。東北・北海道の旅を終え、同年九月一四日箱館に到着、ここで伊藤と別れた。「とても名残惜しかった」。忠実に仕えてくれて、どの外国人よりも伊藤から多くの情報を得たと感謝している。今日もいつものように荷造りを済ませ、全ての持ち物を片付けてくれた。この箱館で、イザベラはヘボン夫妻と郵便汽船三菱の貨客船兵庫丸に乗船し、月光に照らされながら箱館を発った。九月一七日に横浜に着くまでヘボン夫妻と一緒で、その後、温和なムーア船長の船で一二月に香港へ向かった。

◆奥野昌綱（一八二三年五月一四日〔文政六年四月四日〕—一九一〇年一二月二日）

ヘボンとの関係では、聖書和訳について長く関わり、ヘボンの助手として忘れることができない人物である。奥野は、幕臣竹内五左衛門直道の三男、長じて武芸を習得、剣術と鎗術の師範となり、一八四七年奥野家の養嗣子となり、詩歌を好み書道にも通じていた。奥野は

奥野昌綱（国立国会図書館ウエッブサイトから転載）

明治維新の変に際し、上野彰義隊に加わり官軍と戦ったが破れ、品川沖から咸臨丸に乗り箱館に立て籠もったこともあった。その後、奥野の娘婿の友人小川義綏の誘いでヘボンの日本語教師になった。『和英語林集成』第二版の訂正増補に、聖書の翻訳を手伝い、出版にあたり版下を書いた。S・R・ブラウンの導きにより、一八七二年七月、受洗し

た。一八七二年、禁教下、『馬可福音書』や『約翰傳福音書』も、また七三年に出版した『馬太福音書』も奥野が版下を書き、横浜の住吉町二丁目の版木師稲葉治兵衛（儀平）に彫らせた。稲葉は、版木を刻み続ける中で住吉町教会で受洗し、長老にも選ばれている。

奥野は、一八七三年三月二日、日本基督公会（横浜海岸教会）において長老に選ばれ、七七年小川義綏、戸田忠厚と共に按手礼《あんしゅれい》を受け、日本最初の牧師となった。同年一〇月、麹町教会を立ち上げて牧師になった。さらに銀座（巣鴨）教会、芝教会を牧し、晩年は巡回牧師として伝道した。また、ヘンリー・ルーミスの『教のうた』等の讃美歌の編纂を助けてもいる。ヘボンと奥野との交流は長く続き、奥野の長男武之助が、一八九一（明治二四）年、明治学院を卒業した。その後、サンフランシスコの神学校を卒業後、同地の教会で伝道し、九六年に按手礼を受けたのち、シカゴ大学の研究生になったが、九七年五月四日に急逝。享年三〇。ヘボンはその遺骨をイースト・オレンジの墓地に葬り、ヘボンの子たちの墓前に黒い自然石を立て、旧友の友情を忘れることはなかった。

◆**山本秀煌**（一八五七年一二月一六日〔安政四年一〇月三〇日〕―一九四三年一一月二一日）

丹後国峯山藩奉行岩井儀根・じんの子として生まれた。藩校敬業堂に学び、一一歳の時、山本市之進の養子となる。一八七二年一〇月より七三年九月まで東京の私立独逸学校において

山本秀煌（筆者所蔵）

ドイツ学を学んだ。七三年一〇月より七四年一〇月までヘボン塾で英学を修行。その時、医者長瀬時衛の食客《しょっかく》となりキリスト教に触れ、ヘボン、S・R・ブラウン、J・H・バラ等に教えを受け、七四年八月バラより受洗。七八年四月、日本基督一致教会の中会において、植村正久、井深梶之助らと教師試補の准允《じゅんいん》を受け、東京一致神学校に学んだ。七八年一二月から八一年五月まで名古屋で伝道した。八三年、フェリス・セミナリーで教頭の職に就き、八五年九月より高知教会牧師、八六年四月海岸教会の坂部さとと結婚した。八七年、ヘボンの要望もあって、横浜指路教会牧師となり、九二年、横浜指路教会の会堂を建てるに際し、ヘボンと協力して赤煉瓦の教会堂を建築した。同時にこの年、ヘボンとの共著で『聖書辞典』を編纂している。

一九〇一（明治三四）年七月、指路教会の牧師を辞任。同年八月オーバン神学校留学、一九〇二年山口教会、一九〇六年大阪東教会牧師、一九〇九年明治学院神学部教授となる。キリシタンの研究では、『西教史談』、『近世日本基督教史』、『江戸切支丹屋敷の史蹟』を著した。プロテスタント・キリスト教では『日本基督教会史』がある。伝記では、『新日本の恩人―ヘボン傳』、学校史では、『フェリス和英女学校六十年史』等、多数の著作がある。山本の人生は、前半はキリスト教伝道者となり、後半生は神学校の教授として、キリシタン史研究とプロテスタント史研究に励んだ。さらに、一九二七（昭和二）年の宗教法案、二九年の宗教団体法案が議会に上程されたが、山本秀煌が委員長となって二回にわたり審議未了とする活躍を果たした。

◆西村庄太郎（一八六四年一二月一七日〔元治元年一一月一九日〕―一九四五年一二月二五日）

事業家、横浜指路教会長老。西村庄兵衛、シゲの長男として横浜市本町に生まれた。

一八七七年一一月、ジョン・バラ学校で学び、八〇（明治一三）年四月O・M・グリーンから住吉町教会（現横浜指路教会）で受洗。八三年築地明石町にあったバラが校長を務める築地大学校を卒業、同年八月に札幌農学校に入学したが、同年一二月、父庄兵衛が死去すると退学。イギリス人の茶商ヘリヤ商会に入社し、外国貿易に携わった。その後、独立して西村商会を設立。ニューヨークに支店を設け、茶の輸出業を行なった。さらに一八九九年、合資会社三共商店を設立（塩原又策、西村庄太郎、福井源次郎の共同出資による）横浜市弁天通に店を構えた。一八九八年に高峰譲吉が発見したタカジアスターゼの輸入販売権を獲得。一九〇二年、高峰譲吉のアドレナリン、一九一一年、鈴木梅太郎が発見したオリザニンの輸入販売権を獲得した。一九一三年に三共株式会社を設立、高峰譲吉を社長に迎える。西村は、住吉町教会で受洗後、ミス・ベラ・マーシュという宣教師からオルガンの奏楽を習いオルガンを弾くようになった。

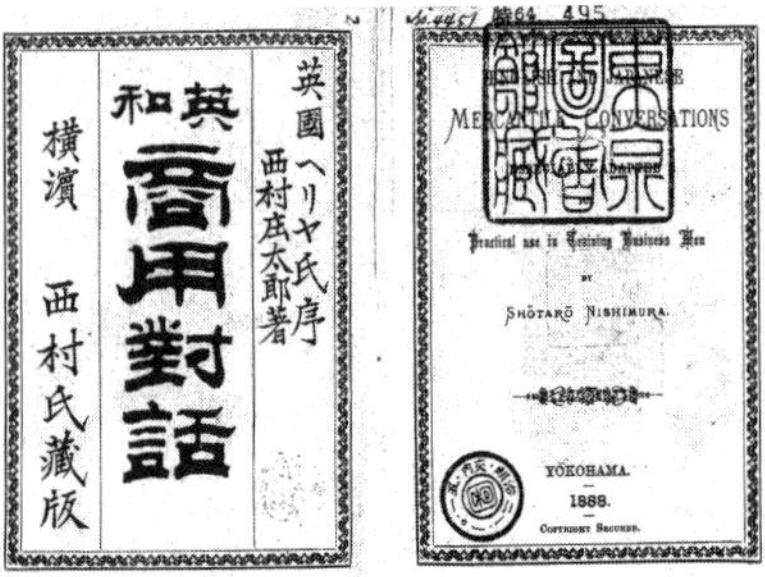

『英和商用対話』（国立国会図書館ウエッブサイトから転載）

ヘボンもこの教会で説教したので、西村が奏楽にあたることもあった。築地大学校に通った頃は新栄橋教会のオルガニストであった。卒業後は住吉町教会に戻り、オルガニスト、長老として教会に仕えた。西村は一八八八年に『英和商用対話』を出版している。書名は『English and Japanese Mercantile Conversation』というもので、表紙には、「英国ヘリヤ氏序」と書かれ、ヘリヤが序文を書いている。これは、ヘリヤ商会で鍛えた英語力を駆使して編纂した有用な商業英語の本である。彼は英語が堪能で、アメリカに商売で頻繁に行き来した。英語は、バラ学校や築地大学校で培われたものであった。

◆成毛金次郎（一八六二年二月六日〈文久二年九月一五日〉―一九三九年一二月二二日）

実業家、横浜指路教会長老。成毛家は千葉県成毛《なるげ》城主の後裔《こうえい》で、明治維新前に浅草に移り、成毛（なるも）と名乗った。英語を学ぼうと横浜に出て、ヘボン塾を受け継いだJ・C・バラのバラ学校で学び、一八七六（明治九）年四月二三日、ヘンリー・ルーミスから受洗した。その後、東京大学農学部の前身駒場農学校を卒業した。一八九一（明治二四）年、ヘボンの紹介でベリック商会に入り貿易実務を学び、九八（明治三一）年に東洋商会を設立、事業が発展し成功をおさめた。成毛の貿易実務は、外国語の通信と人との接触、為替計算を正確に迅速に行うことについて、追従を許さないものがあった。

一九〇四（明治三七）年、オーバン神学校留学中の毛利官治を指路教会が招聘することになった。その時、毛利がイースト・オレンジ・シティで余生を過ごすヘボンを訪れた。毛利は、ヘボンが草創期の面々の名前を挙げてその信仰や動向をつぶさに語るのを聞いて驚いた。毛利は帰国後、直ちに東洋商会を訪れてヘボンの消息と成毛への伝言を語り伝えた。成毛は、これを聞いて感激、ヘボンとの交流を語った。外国商館に入ることができたのは博士のおかげであり、加えるに疎遠がちになる時、馬車で訪れてくれて親切なる指導をしてくれたことが忘れられないと毛利牧師に語っている。さらに指路教会との関係では、ヘボンが建てた赤煉瓦の教会堂を整備するため六〇〇〇円を寄附した。また、関東大震災で会堂が倒壊した時、即座に約一四万三〇〇〇円を献金、倒壊して三年後の一九二六年、教会員献金約四〇〇〇〇円、婦人会一〇〇〇〇円、市役所交

成毛金次郎（明治学院歴史資料館所蔵）

付金、復興局防火建築助成金など合わせて一六万三〇三八円の建築費で竹中工務店が請け負い、完成。今なおこの会堂を修理しつつ使用している。

◆**村岡平吉**（一八五二年七月七日［嘉永五年五月二〇日］―一九二二年五月二〇日）

印刷業者、横浜指路教会長老。村岡は、武蔵国橘樹郡小机（現横浜市港北区）の紺屋に生まれた。一八七六（明治九）年六月、山田ハナと結婚。一八八三（明治一六）年、リバイバルと言われる信仰復興運動が海岸教会から始まると、住吉町教会においても、同年二月一七日、牧師星野光多が訪れて共に祈った。（星野のために一週間の祈祷会を持ったとの記録がある。）同年四月一日、太田五丁目に住む村岡は住吉町教会において、G・W・ノックスより受洗し、聖餐を守った。翌年、執事に挙げられ、その後長老として四〇年間教会に仕えた。

村岡平吉

　仕事の方では、一八七七年、当時唯一の仏蘭西新聞社に入り、上海に転じて数名の職工を引率し、工場長として日本職工の優秀なる技術を知らしめ、一八八四年、帰朝し王子製紙横浜製紙分社に入社、工場監督者として経営を盛んにした。一八九八（明治三一）年、信仰篤く時勢に敏感な村岡は、キリスト教書籍、聖書の印刷が必要なるのを覚り、同社を辞し、自分を良く知る友人と共に横浜居留地八一番に福音印刷合資会社を設立した。一九〇四（明治三七）年、神戸に支店を設け、一九一三（大正二）年事業を拡張するため、居留地一〇四番に移し、福音印刷株式会社と社名変更した。アメリカ聖書協会のH・ルーミスと連絡を取りつつ聖書の印刷を受け持ち、様々な言語に訳された聖書を供給し、「其国語別は五十種を下らざる盛況を呈して」いた。また、朝鮮で印刷できないような社会主義者の出版物を受け持つなど、その印刷業は多岐にわたった。夫人ハナとの間に六男二女を設け、息子の斎《ひとし》をイギリスに留学させて印刷技術を学ばせ、社長を引き継いだ。しかし、関東大震災において、福音印刷会社の社屋が倒壊、多くの従業員ががれきの下敷きになり、斎も死亡し会社の再建はならなかった。

第六章　最後の仕事

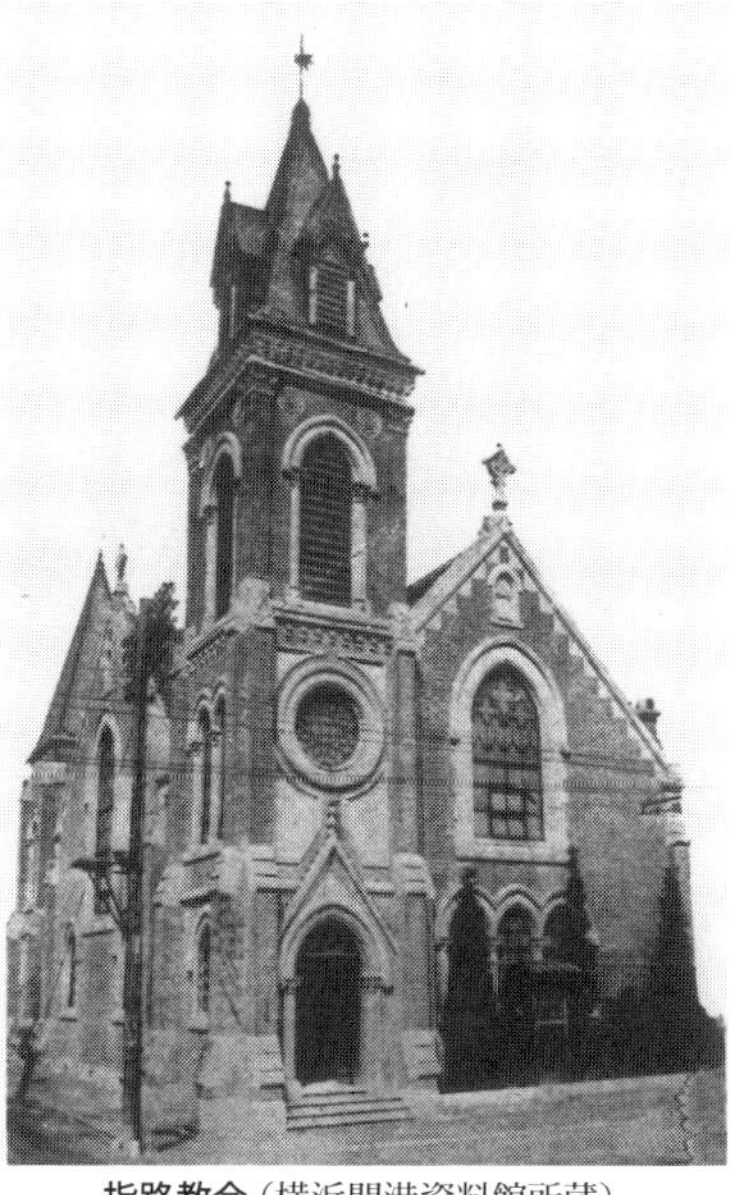

指路教会（横浜開港資料館所蔵）

1．指路教会堂の建立

◆赤レンガの教会堂

ヘボンの日本における最後の使命は立派な教会堂を建てることであった。ヘボンは、ミッション本部のギレスピーに手紙を送り、教会堂建築のために八〇〇〇ドルを要請している。八八年五月七日付ヘボン書簡によると、「横浜の人口は九万人を有し、急速に発展してきている大都市です。（中略）単にこの都市にキリスト教会を建てるというのではなくて、この教会を立派な、人々の目を引くような教会とすること、そしてこの土地に最初に根を下ろした長老教会がまず先鞭をつけることが、極めて望ましい」と訴えている。会員からは、一〇〇〇ドル（一ドル一円三五銭）の募金を集めることになった。ヘボンは米国からの募金と教会堂の設計等に関わった。主任牧師の山本秀煌は、設計事務所や建築業者との接触、教会での募金など長老会の役員と連絡しつつ会堂建築を進め、一八九〇年一〇月二七日、ヘボン夫妻結婚五〇周年の日に定礎式を行うことができた。

定礎式の日、空模様が心配であったが、午後三時の開会の頃には天候も回復し、市内の教会の牧師や信徒、外国人宣教師も列席した。山手二四五番のヘボン邸では、横浜居留地の外国人が英米仏独等各国別に委員を挙げてヘボン夫妻にカードを贈り、金婚式を祝った。これほどまでの祝福を受けたのは、ヘボン夫妻の人格はもとより、三十余年にわたり主の栄光のために尽くした労苦に対する感謝の表れであると思われる。会堂建築費の合計は三万二七六四ドル八五セントであった。会堂設計者はP・サルダで、パリのエコール・サントラル理工科大学を卒業した人物で、『資料御雇外国人』によると、横須賀造船所付属学校の「器械教師」を務め、その後一八八〇（明治一三）年頃、横浜山手四六番で建築設計業を開業した。彼は、「山手ゲーテ座」、「フランス領事館」、「グランド・ホテル」などの設計を請負った。会堂内は天井が高く、その空間は見事である。ヘボンが生まれたペンシルヴェニア州ミルトンの教会でも尖塔がそびえ、新しく建築された会堂は大会堂と小会堂があり、前と後に尖塔があり、床には絨毯が敷き詰められ、一階の座席は正面の聖餐台を囲むように座席が並んでいる。言い伝えによれば、国会議事堂を建てるに際し、この立派な指路教会の会堂を見学に来たという。

献堂式は、一八九二（明治二五）年一月一六日に行われ、住吉町教会から指路教会に名称が変わった。その名は、ヘボンの母教会シャイロ・チャーチ（Shiloh Church）から取ったもので、献堂式の時に紹介された。「指路」はシロのあて字で、「人生の路を指し示す教会」と解釈できる。罪あるもの、悩むもの、望みを失った者に福音の光を照らし、イエス・キリストへの救いの道を指し示す。シロは、創世記第四九章一〇節「シロの来るときまで、もろもろの民は彼に従う」

から取ったもので、メシア（救済者）の来るのを待望するという意味である。会堂の場所は、尾上町六丁目の目抜き通りに位置し、ひときわ目立った赤レンガの教会堂であった。当時の新聞では、三四万円の巨額の建築費を費やしたと報道し、献堂式を次のように伝えた。

「堂宇の建築に関しては詳細に知り得ざれども地代及び建築費を合わせて三四万円を費やしたりと云へばその壮麗なること推して知るべし内は一般の礼拝所と日曜学校用室とに二分し礼拝所は北面に小高き講壇を控へてその前面弦形をなして凡そ八九百人を容るべき多くの長椅子並列し視聴に太だ便利なり。去る十六日は奉堂の当日にして午後一時頃より市中各教会に属する信徒雲来蟻集し二時開会の時刻となりては堂内立錐の余地を見ざるにいたれり定刻少し過ぐる頃当教会牧師山本秀煌氏の祈祷を以て開催し奥野昌綱氏聖書得お朗読しドクトル・インブリー氏教会と云ふ主意につき説教しドクトル・タムソン氏献堂の祈祷をさゝげ前牧師南小柿洲吾氏教会の履歴を演述し熊野雄七氏海岸教会員に代りて祝詞を呈し同会長老西村庄太郎同会員に代りてドクトル・ヘボン君夫婦に従来の篤き恩義を謝し且つ当日来会者の好意を謝し山本秀煌氏の祝祷を以て終わる」（『きりすとけう志んぶん』明治二五年一月一六日、第四百四十三号）

献堂式当日、ヘボン夫妻は病気のため出席できず、出席者一同、一抹の寂しさを味わった。

同年五月二七日のヘボンの書簡には、当日の様子が描かれている。

「去る一月に、献堂式を挙行しました。わたしは両脚が一時に痛風で悩まされ、病床に寝ておりましたので出席できず、すっかりがっかりしてしまいました。会員は増加してきました。九人ばかりが献堂式以後、教会に加わりました。わたしどもは、二人ともますます老境に進んだということを感じております。二人とも足を引きずり、リューマチで悩んでいます。特に妻はひどく顔面神経痛とリューマチの苦痛に悩まされています。わたしは両脚ともかなり足を引きずり、苦しくてよく歩けません。この国を去って米本国へ帰りたいのです。」

（一八九二年五月二七日付ヘボン書簡、『ヘボン在日書簡全集』）

献堂式後、教会の牧師、長老、信徒一同に宛てた教会の管理、運営についての要望書を書き送った。ヘボン夫妻は、身辺の危険を感じるような物情騒然たる時に来日し、明治維新を経て近代国家として発展する姿を目のあたりに見てきた。その発展ぶりを見て感慨深いものがあったに違いない。

2. ヘボンの信仰

◆禁欲的な労働倫理

ヘボンの生活を見ると、実に規則正しい暮らしをしている。ここでは、実際の資料に基づいて、ヘボンがいかに禁欲的な労働倫理に基づいて生活をしていたかを見てみたい。ヘボンは毎朝五時に起床し、朝の冷気の中で火をおこし、七時から八時の朝食まで仕事をした。朝食後に家庭礼拝をし、短い時間散歩をして施療所に姿を現わした。施療所では毎日二〇人から多い日は七〇人もの患者を診察、午後は夕食前の散歩か公私のための一時間を除いては、書斎での時間に費やされた。夜は応接室で読書や夫人との楽しい談話をして過ごし、一〇時には床に就く規則正しい生活をした。

「『お前はこれをやらねばならぬ、お前の仕事、それはここ幾年間お前が踏んできた踏み車がある。ぶつぶつ文句を言わないでやりなさい。まっすぐに仕事につきなさい。仕事がお前を待っている。この時間までにこれだけの仕事をしなければならぬから、急がなければならない』と。そんなわけでわたしが君に手紙を書く時は、仕事のあいまをつかまえるかまたは踏み車をとめておいて、穀物や小麦粉がなくても、ほっておくことです。いま時間は午前九時十五分前です。約十名の知識に飢えた医学生が几帳面に、九時にきてわたしを待っているのです。」（一八七一年二月一六日付ヘボン書簡、『ヘボンの手紙』）

次にヘボンの愛称聖句を紹介したい。ヘボンは初期のヘボン塾生に以下の聖句を暗唱させた。ここにはヘボンが、どんな困難にも主に全てを託して歩む主イエス・キリストに対する信頼を読み取ることができる。

「わたしの愛する兄弟たち、こういうわけですから、動かされないようにしっかり立ち、主の業に常に励みなさい。主に結ばれているならば自分たちの苦労が決して無駄にならないことを、あなたがたは知っているはずです。」（コリントの信徒への手紙一、第一五章五八節）

ヘボンの弟で牧師のスレーターに出した手紙の中で、聖書翻訳の黙示録の最後の章にかかったことを知らせている。こうした仕事に従事できたのは本当に名誉なことであるとして感謝している。そこでは、目標達成のために、ただひたすら全てを忘れて仕事に励む行動様式を見ることができる。現世において神から与えられた職業を天職と考え、その職業に励むことが神の栄光を顕すことになるという。ここにヘボンが寸暇を惜しんで、主から与えられた施療の仕事や聖書翻訳の仕事という目標に向かって励む姿を見ることができる。

◆ヘボンの弟スレーターの信仰生活

ヘボンの弟スレーターは、アメリカ長老教会の牧師で、ヘボンは、一八四七年から一八八七年までの四〇年間にアメリカの弟に宛てて八四通の手紙を書いている。そのうち五八通をヘボン研究家の高谷道男が翻訳し『ヘボンの手紙』（有隣新書）として出版している。手紙は、ヘボン在日三三年の中で、宣教医として過ごした手紙、故国に残した息子サムエルのことで老父から非難されたこと、和英辞書の編纂、聖書翻訳の過程や完成した時の喜び、避暑地に出かけたことなど、ヘボンの率直な生活と信仰が記されていて読む者に感動を与える。ミッション・ボードに出す報告書としての書簡とは違い、唯一の弟に出した私的な手紙だけにヘボンの姿がストレートに明らかになっている点で、貴重な資料である。ここで、一八七九年一〇月に弟に出した手紙からヘボンの信仰を見てみたい。

もしわたしが何かを達成したとするならば、「その成果はわたしが他の人より才能があった為ではありません」「それはわたしが勤勉であったことと、自分が企てたことにしがみついてコツコツとやって、やり通したことです」と述べ、その一事にしがみついて仕事をした辛抱強さであったと謙遜した手紙を書いている。ここには、神の召しによって仕える信仰者ヘボンの姿がある。手を休めることは神への怠慢であると。ここにはヘボンがただひたすら神の栄光のために聖書翻訳に勤める姿がある。ベンジャミン・フランクリンは、'Time is money'「時は金なり」といった。働くべき時間を無駄に過ごすことは、ドブにお金を捨てるようなものだと。ヘボンは、このような禁欲的な精神をもって仕事に励んだ。“*Hepburn of Japan*”を書いたグリフィスは、次のように言う。「疲れを知らず、休みなく労働に従事するヘボン博士を支え続けたのは、自分は神の意志に従って生きるという信念であった。彼の心は、常に神に対する義務感の線上にあった。神への奉仕が最上の喜びであったからこそ、その仕事は彼にとって権威あるものとされたのである」と述べている。ここに私たちは、ヘボンがひたすらイエス・キリストに仕えて、神の栄光を顕わすために歩んだ姿を見ることができるのである。

このベンジャミン・フランクリンを引き合いに出した論文に、『プロテスタンティズムの倫理と資本主義の精神』（岩波文庫）がある。宗教社会学の古典的な名著で、マックス・ヴェーバーが著し、西洋経済史家の大塚久雄が翻訳している。この書は、近代資本主義が誕生するにあたり、禁欲的なプロテスタンティズムの倫理が資本主義の萌芽において、世俗内的禁欲の中から生まれたエートス（思想的雰囲気）が合理的経営の建設を促進したと主張した。これを「ヴェーバー・テーゼ」といっている。ヘボンは、長老教会に所属しその教えを遵守し、『和英語林集成』の編纂、聖書の翻訳を天職として歩む姿勢が顕著に見られたのであった。弟のスレーターに宛てた手紙の中にヘボンの信仰が表れているので引用したい。

「わたしどもはみな、キリストのしもべで、キリストの働きをなし、キリストが命じた所で働くべきです。わたしどもは、この世の報いを望まず、キリストの忠実な善良の兵士であるよう心がけましょう。わたしどもを、それぞれの場所に働くよう命じたもうた方は、なにがわたしどもに最善であるかを知っておられるから、わたしは他の人以上に何らか、よい利益を得ようとは考えません。偉大なことは、わたしどもの仕事をよくなし遂げることです。（中略）わたしはもう自分の働きが終わりに近づいたように、たびたび感ずることがあります。わたしがなしとげた一切のことのうち、大いなること、また多くの不完全なことは、わたし自ら灰をかぶって身を低くすべきであるように思われます。かつまた、主はかくまで長く、わたしを守って下さったことを不思議に思っています。わたしはこれらの業績はもちろん、自分自身を信じていません。ただキリストがわたしのためにして下さったことのみを信ずるのです。すなわち十字架の血による贖《あがな》い、罪の赦しの約束、神にうけいれられること、これが唯一の望みなのです。わたしはこの国を捨てて、ここを去りたいなど毛頭考えていません。」

（一八七八年八月二一日付ヘボン書簡、『ヘボンの手紙』）

周知の通り、ヘボンは、日本語を書き、聞く、話すことができたので通訳には打ってつけの人物であった。一八七一年、大統領から通訳官の辞令が送付されてきた。そして、アメリカ合衆国の公使ロングからヘボンに対し、公使館の通訳兼書記官を引き受けてほしいという要請があった。その時、ヘボンは公使を当惑させて申し訳ないと言って要請を断っている。

「わたしは政治や外交上の問題についての知識をもたず、むしろそういうことを拒否してきたのです。自分の天職、すなわち聖書の翻訳、この国に福音を伝えること、教会との関係、宣教師としての働き、そうしたことにわたしは使命を感じているので、上記の申し出を辞退することに決心した次第です。」（一八七一年二月一六日付ヘボン書簡、『ヘボンの手紙』）

最後に、一八六三年秋、ヘボン夫人がミセス・ヘボンの学校を開設した頃、林董が見たヘボン邸での様子を描いたもので、ヘボンの令息サムエルに送った「ヘボン塾に於ける博士の思ひ出」がある。彼は一三歳の少年で、クララから母親のように世話になったと述べている。「博士は善良で、親切で、人間的に正しい人であった。しかも勤勉で孜々《しし》として倦《う》まず、倹約で辛抱強かった」と記している。ある時、施療用のアルコール入りの大瓶数個が外国から届けられた。「下僕」たちは、その瓶の栓を開けた溶液が極上の焼酎の香りがした。ヘボンはこのことに気づいて、これは焼酎よりはるかに強い薬用なので、決して飲用してはならないと言った。ところが四人が施療所に忍び込み、アルコールに水を割ってがぶがぶと飲んでしまった。意識不明となって、高熱を出し倒れてしまった。真夜中になっても帰宅しないので妻が施療所に来て探した。博士がすぐやって来た。その妻に看護させて、時々見に来て助かった。翌日酔いが醒めた時、ヘボンが訓戒した。

「博士は日ごろの親切な態度で訓戒を加え、それ以上せめなかった。下僕は翌朝少年の私に語ったときに眼に涙をいっぱいうかべていた。それ以来主人に対する愛と尊敬との念はさらに二倍となった。このことがあってから、下僕たちはまず第一にヘボン博士を大切にした。こういう教育のない、しょうのない連中に対してでも親切と誠実とをもってつくしたヘボン博士の人格とその感化に私は非常に感激した。」(「ヘボン塾に於ける博士の思ひ出」)

これまでのヘボンを描いた書を見ると、ヘボンの業績を高く評価をするのは当然なことである。しかし、その評価がヘボン讃美へと高められ、その結果、ヘボンを聖人化してきた側面がなかっただろうかと考えるのである。

◆ヘボンの女性観

ヘボンが宣教活動をする中で、女性宣教師が次々に送られてきた。彼は女性宣教師をどのように捉えていたのだろうか。一八七二年にミッション本部のラウリーがヘボンに対し、独身女性を派遣することへの見解を尋ねた。それに対し、「女性の働き」についてという趣旨で答えた書簡がある。ヘボンは、宣教の分野における「女性の働き」について高く評価しているとして、次のように言っている。

「第一に、家庭内の家事をにぎる妻として、夫たちを家事から解放し、そして夫たちに、仕事のために時間と力をささげることを可能にし、実質的に援助しています。多くの宣教師たちの妻たちは、より直接的な仕事にも携わっております。特に教えることです。たとえ彼らの家で少人数の少女や少年たちを教えるようなことだとしてもです。」（一八七二年八月二一日付ヘボン書簡、『ヘボン在日書簡全集』）

妻が夫たちを家事から解放し、夫の仕事を支えるという意味で大切な役割を担っているという。当時は、職住分離が進んでいたアメリカ北部の都市では、結婚したら家庭に入るというのが一般的であった時代からいえば、当たり前だったかも知れない。ヘボンもこのような男性の仕事を支える女性、妻という考えを取っていたことが分かる。この点ではクララも同様な考え方であった。この時代、女性は経済的な諸権利を有していなかった。彼女らが本領を発揮できたのは、家庭を守り、子供を育て、家庭に潤いを与えることに主眼が置かれていた。彼女らの働き場所は、教会活動を通じて社会との関りを持つことであった。日曜学校の教師をし、バザーを行ってその収益を孤児院に贈るといった活動を通じて、博愛的な精神を発揮し、また海外伝道のために献金することもあった。

ヘボンは次に、独身宣教師について触れている。独身女性の宣教の働きには、多くの仕事があるが、「若い男女に教えること、女学校での教育、病院での病人の看護など」がある。そのような彼女らの仕事を遂行するのに有効な手段としては、次のような考えがあるという。

「独身婦人の働きを最高度に有益なものとするためには、二人か三人あるいはそれ以上で、その場所の必要に応じて、組織し、遂行するのが良いでしょう。彼女たちは、自分たちの住み心地の良い家で、そして仕事に適した建物で、共に生活すべきです。そのような施設は、適切に経営されれば、計り知れないほど有益でしょう。」（前述同書簡）

ヘボンは、二人ないし三人が組織して成功しているケースを目にしていたのではないかと思われる。それは、一八七〇年から始まったフェリス・セミナリーがあり、一八七一年に米国婦人一致外国伝道協会からプライン、ピアソン、クロスビーが、派遣されて横浜共立学園の前身であるミッション・ホームを創立、成功を収めた事例を山手でつぶさに見ていたと考えられる。

しかし、女性宣教師が相次いで派遣されるに従い、対立が激化し、スムーズに運営できないことも起こった。カロザース夫人のジュリアが築地居留地六番Aで女学校を始めたところへ、ミス・パークと一緒に女生徒を教えたらどうかということになったが、カロザース夫人はその必要はないと言う。そこに隣の築地六番Bでミス・ヤングマンが教え始め、同じ敷地内で学校が並立してしまった。ヘボンは、そのような状況を見るにつけ、一八七八年の書簡では、女性宣教師に対して次のような見解を明らかにしたのである。

「宣教師として多くの女性たちが送り出されることを切望しておりません。特に女性たちが派遣されることで、男性たちを派遣するのに要する資金を浪費しているのです。男性たちはこの大変な仕事に適した器なのです。言葉によって伝道することで、諸国民は改宗させられるのです。女性たちはおもに学校の教師として役に立ちます。彼女たちは従属的でありあまりあてになりません。それは機会があれば結婚してしまうからです。あなたが問題にぶつかり、甚だしい数のこの種の事態に直面しなければならなくなる時は、そう遠くないと思います。もしアメリカ長老教会ミッションが裕福で資金に困っていないのであれば、このようには書きません。」（一八七八年一〇月一二日付ヘボン書簡、『ヘボン在日書簡全集』）

この書簡に記されているように、「女性宣教師が派遣されることで、男性たちを派遣するのに要する資金を浪費している」と主張する。この考え方は、女性宣教師の働きを男性宣教師と同列に置いてないことが分かる。独身でしっかりした仕事をする女性宣教師を評価しているが、ここで述べている考え方を見る限りでは、女性宣教師の人格を否定するような発言は理解することができない。当時のミッション本部の考え方は、男性宣教師の多くが神学校を卒業して派遣されると伝道の第一線で働き、教会を建設し、神学校を創立させて日本人牧師を育てる役割を担った。それに対し女性宣教師には、牧師への道は閉ざされていた。従って、彼女らは、男性宣教師と結婚して現地に赴いて一緒に伝道に従事するか、単身で教育や福祉活動の面で活動するしかなかった。ヘボンは、女学校の寄宿制と看護婦養成所について反対する発言をしている。一八八〇年五月七日のヘボン書簡では、「寄宿学校にわたしが反対するのは、お金がかかり過ぎる」という。それは寄宿するための建物費が多額になるという考え方で、寄宿制による教育のメリットを考えていないところがある。そのヘボンの考え方は、妻クララも同様で、住吉学校という小学校は、住吉教会の隣に教室を増築して通いの学校にしている点を見れば分かるように、財政面ではこの方が費用が安く済むのは当然である。また、看護婦養成所については、「お金の無駄遣いでしかない」と言い切っている。ヘボンは、一八八四年四月二六日の書簡で経費を試算して、反対の理由を明らかにしている。看護婦を養成するには、病院、教育を担当する医師が必要である。それらの費用は莫大となる。その点から考えて、国がやるべきことで、一ミッションがやり切れるものではないと言っている。この提案をしたのはフィラデルフィアの婦人伝道局であるが、計画の内容を精査した上で意見を述べるというものではなかった。ミッションの会議において、「常任委員会」という最高決定会議があるが、その正式メンバーは男性だけで、女性は陪席できても投票はできなかった。女性が多く関わる女学校のことを、学校の状況を捉えていない男性が予算配分の決定権を持っているという矛盾があった。

第七章　日本との別れ

ヘボン夫妻金婚式の写真
（横浜開港資料館所蔵）

1．ヘボン夫妻帰国

◆送別の会

ヘボン夫妻は、三三年にわたる務めを終えて帰国することになった。開港間もなく来日し、施療事業に従事し、和英辞典を編纂し、旧新約聖書の翻訳に全力を注ぎ、明治学院の創立に関わり、日本文化に影響を与えた。今、最後の事業として指路教会の会堂を建て、山本秀煌と『聖書辞典』を編纂し、思い残すことなく日本を去る時がやって来たのだ。この教会の牧師である山本秀煌は、一五歳の頃横浜に出てヘボンの薫陶を受け、立派な牧師に成長した。一九一一（明治四四）年九月二一日にヘボンが逝去した時、直ちに『新日本の恩人』と題して起稿し、指路教会長老牟田易太郎の計らいで出版した。その後、この書を増補、訂正して『新日本の開拓者ゼー・シー・ヘボン博士』を出版している。

ヘボン夫妻の送別会は、一八九二（明治二五）年一〇月一五日、指路教会において、続いて一〇月一七日、明治学院にて開かれた。指路教会で開かれた送別会では、午後二時から始まり四〇〇名が集まった。司会を山本秀煌、祈祷服部綾雄、聖書朗読奥野昌綱、謝辞を山本秀煌、続いて海岸教会の稲垣信が述べた。その後、ヘボンの演説があった。始めは平易な日本語で、後半は英語で石本三十郎の通訳で、感銘深い挨拶をされた。

「我兄弟姉妹、あなた方が今日此送別会を設け給わりしを忝《かたじ》けなく思います。私は日本へ参りまして、日本のうちで老年と成りました。日本に居りましたは実に日本人を益するためでござりました。夫のみならず、私はイエス・キリストの僕《しもべ》でござりまして、此全世界はキリストの畑でござります。私はあなた方と同様に、すべて世界にあるところの信者と一緒にキリストの畑に働くべきものでござります。（中略）私がアメリカに留まれば、ただ多くの医者たちと競うて他人の害となると思いました。それ故に、私は医者の無い国へ往くが善いと心の中に思って、しかし此の世界に多くの国があるが、医者のない国も多くある。本当に医術を知らぬ国が多くある。又独りの神、眞の神、活ける神を知らぬ所の国は少ない。私は医者のない国へ往くことは善いと思いまして、心の中に我が主の命令と思いまして、我が家を去り、親の国を去って支那へ行きました。（中略）然しもう此時日本に医者が多くなり、医学校も東京に設けられ、やはり、西洋の国から上手な医者が参りまして日本の人を助けますから、私の療治することは無駄と思いまして、其代り別に日本人の益をなさんが為に聖書、又字引を翻訳……友だちと共に聖書を翻訳しました。字引を拵《こしら》えて今日まで日本人の為に力を尽くしました。」（山本秀煌『日本基督教会史』、二六九～二七〇頁）

博士は、滞日三三年間において、施療、『和英語林集成』の編纂、聖書和訳、教会堂の建設、キリスト教学校に対する貢献を挙げることができるが、多くの協力者があって成就するものであった。「今は老年となって。覚えが悪くなって、耳が遠くなって、目がかすみて役に立たぬ所のものになりました。又私の妻も病気で此国を去って本国へ帰るがよいと思い」、数日後に本国に帰る。聖書に書いてある通り、「我は旅人、我が親達の如く宿れる者」とあると述べ、父の天国に間もなく旅立つと言う。この後、ヘボンは英語による演説になった。石本三十郎が通訳した。「私は今横浜に居る西洋人の中では一番老人でございます。唯一人しかいないのでございます。」と述べ、次のように締めくくった。

「私は数日にしてお別れを致します。私は誠に此の三十三年の間、此の国に留って、日本の人を助けることに力を尽くしましたことを神に感謝します。嗚呼私は本国に帰ります。私の仕事は終わりました。本国に少しの間休みまして、天にある親たちの国へまいります。」

この後、ヘボン夫人から直接の教育を受けた後進の男女を代表して服部綾雄の感謝の辞、続いて奥野昌綱による送別の長歌、短歌の朗読があった。奥野は感極まって朗読することができず中止し、「聴者も又歔欷《きよき》（すすり泣き）したり」という様子であった。

その後、一七日午後、明治学院講堂において、学院の教員、学生、一致教会の諸氏が集まって送別会が開かれた。井深梶之助が司会を司り、フルベッキ、マコレーが学院を代表し、石原保太郎が日本基督教会を代表し、原田助《たすく》がその他の教会を代表して送別の辞を述べた。井深は明治学院より記念品を贈った。

「ライン氏の日本に関する二冊の書籍を博士夫婦に呈し平文博士は立ちて会衆に向い謙虚懇篤の語を以て謝辞を述べられて曰く予は只己が分を盡したるのみ是れ皆天父の恩恵に依らざるはなし神の恩寵により余等が本邦に於ける生涯は喜ばしかりき終生予等は日本を忘るゝ無かるべしと此時満場寂然感涙に咽びし者多かりき」（『基督教新聞』明治二五年十月二八日、第四百八十三号）

ヘボン夫妻は、一八九二年一〇月二二日、横浜からゲーリック号にて帰国することになった。横浜出港の日、山本秀煌は波止場へと急いだが、ヘボン夫妻は既に乗船していたので、艀舟にてゲーリック号に近づき、ヘボン夫妻に面会して、別れを告げたという。船は大桟橋から本牧沖を過ぎ、太平洋をカリフォルニア州に向け出帆、同州のパサデナに留まって静養した。翌年五月、病気の回復を待って、ニュージャージー州イースト・オレンジに居住することになった。

2. 晩年

◆感謝状と日本の出来事

一八九三（明治二六）年三月、日本を去って暖かなカリフォルニア州パサデナで静養している所に一枚の感謝状が寄せられた。ヘボンから山本秀煌に宛てた書簡に見出すことができる。大儀見元一郎と山本秀煌の署名で日本基督教会から贈られたヘボンに対する感謝状であった。それは、日本基督教会の大会において、ヘボン夫妻が日本伝道に尽くした功績を讃える感謝状であった。

「わたしはこの感謝状をいつまでも肌身離さず、日本の友人に対しさらに日本基督教会、いな、むしろ日本のキリスト教会全体の親切なキリスト者の友情の記念として、大切にしておきたいと思います。（中略）どうぞ、わたしと妻とが心から指路教会の長老や会員の皆さんによろしくと伝えてください。教会が盛んになっていること、大勢の人々がだんだん教会員になっていくこと、教会の財政状態が健全であること、またあなたが教会員の中に『共励会』を組織していることなど聞くのは、わたしどもに大いなる喜びです。」（一八九三年三月一三日付ヘボン書簡、『ヘボン在日書簡全集』）

日本人の友人から受けた愛と好意の数々の印象は、本当に喜ばしく感謝していると述べている。同年五月四日、汽車でニューヨークに向かった。ニューヨークに到着したのが、五月一九日であったことを考えると、途中下車してゆっくりと旅を楽しんだことが分かる。イースト・オレンジには二四日に着き、ラウリーの家に五日ほど宿泊した。同市内のウィリアム街三八四番地の家を入手したのち、グレンウッド・アベニュー七一番地の土地を購入し家を建てた。彼は、常に日本の情報をキャッチしては記憶に留めていた。同年一一月の手紙では、田村直臣の花嫁事件が起こった事実を聞いて、はっきりした見解を明らかにしている。一八九三年に田村は"*The Japanese Bride*"（『日本の花嫁』）という書をニューヨークで出版した。これより以前、一八八九（明治二二）年『米国の婦人』という書を出していた。この書は、『日本の花嫁』とほとんど同じ内容であった。にもかかわらず、『日本の花嫁』が出版されるや、日本の婦人の地位を外国に露骨に暴露するものであるとして非難され、日本基督教会で大問題になり、国粋主義者的新聞である『日本』でも日本の恥をさらすものであると攻撃された。この事件は日本基督教会東京第一中会で「日本国民を讒誣《ざんぶ》したるものなり」との判決を受け、田村は納得せず、大会に上告した。結果は「同胞を海外に侮辱し国民の面目を犠牲として金銭を博したる所業」、東京第一中会の認定は正当なりとし、田村は教職を剥奪された。このニュースに対し、ヘボンは驚きをもって次のように述べた。

「田村氏の小さな本のために起きている騒ぎに驚いています。その本には何も害になることはなく、キリスト教の妨げにはならないと思っています。そしてその本がキリスト教とのどのような関係があるというのでしょう。わたしはそれを読んで、他の人に、読むように勧めました。(中略) 田村さんが、わたしどもの習慣について書くことをアメリカ人は誰も責めはしないでしょう。本の売れ行きが悪くならないと思います。噂に上がれば上がるほど、誰もが買って読みたくなるでしょう。その本は、日本や、こちらの、あるいはどちらのキリスト教にも、害をもたらさないでしょう。田村氏のためにとても気の毒に思います。しかし、多分、彼の受けている試練は、いずれ彼にとって祝福となることでしょう。」(一八九三年一一月二日付ヘボン書簡、『ヘボン在日書簡全集』)

田村は、教師籍を剥奪されたので、日本基督教会を脱会した。しかし、田村が牧する教会(現巣鴨教会)は、毎週説教することを認め、生涯田村を守り続けた。なお、田村は一九二五年一月に植村正久が亡くなると、翌年一〇月、日本基督教会に復帰している。この書で田村は、日本とアメリカの違いが多くあり、アメリカの留学で得たことを比較して書きたかったに違いない。たとえば、夫が死去した場合、妻は財産を受取る権利がなく、長男の世話になるという無権利の状態に日本の女性が置かれている事実を書いた。アメリカにおいても女性が無権利な状態にあることを指摘しているのである。

◆イースト・オレンジの生活とクララの死

ヘボン夫妻のイースト・オレンジにおける生活を見ると、一八九五（明治二八）年一月に山本秀煌への手紙では、三三年間幸いな生活を送った横浜での生活に思いを馳せているという。「イースト・オレンジの美しい町を歩くのが楽しみです。この町の街路は広く、人道は舗装してあり、街路樹もうえてあります」と述べている。当時ヘボンが住んだ町は、アメリカでも有数な高級住宅地であった。町外れには小高い山があり、樹間には多くの立派な邸宅や庭園があり、家はこじんまりして住みよい家であり、書物がぎっしり詰まった書斎がある。ヘボンは、ブリック・チャーチと呼ばれるイースト・オレンジで最も古い教会に通い、「会員は四〇〇人、長老は七人、大きい日曜学校、バイブル・クラス、青年会、内外国宣教師会まであります」と述べ、最近長老に選ばれたと言っている。住吉学校で働いたミス・ケイスもこの教会の会員で、かなり健康になってきていた。一月二六日、ニューヨーク市でノックスとイン

ヘボンの家（筆者撮影）

ブリー、ジョン・バラにあった。ノックスはニューヨーク市近郊の教会の牧師をしている。インブリーはプリンストンの付近に住んでいる。

一九〇二（明治三五）年五月七日、長老教会外国伝道協会は、ヘボンの蔵書を受領することになった。一九〇四年一一月一〇日、ニュージャージー州北部のプリンストン大学同窓会の地方支部に出席、晩餐会に先立ちヘボンが食前の祈りを捧げ終わった時、同窓生から喜びの歓声が沸き起こり、全員が唱和し、歓喜の声がいつまでも続いたという。また、ヘボン夫人も親しい友人たちと八三歳の誕生日を祝ってもらった。しかし、彼女には底知れぬ精神障害の影が押し寄せていた。その頃、ペンシルヴェニア州ワーナーズビルに近いグランド・ビュー療養所で療養中であった。親しい友人がクララの手を引いて現れた。部屋の入口にはアメリカの国旗が揚げられ、クジャクシダとキンレンカの花がピアノと暖炉とを飾っていた。「薔薇の花のブーケ、八三と刻まれたアイスクリームなどが贈られて、うら若い少女のような可憐な表情をたたえて、夫人は本当に嬉しそうに見えた。」とグリフィスが伝えている。

しかし、その後の一九〇四年一二月二八日の手紙では、ヘボンの悲痛な思いが綴られている。「私は妻を療養所に入れるようにと勧められてきました。精神錯乱のためです。」その症状は、「二人が一緒に住むことが困難なほどの猛威をふるい始めたのです。」ヘボンは使用人と二人きりになってしまった。息子サムエルに日本から来てもらって面倒を見てもらうと書き添えてあった。クララは永遠の園へと導かれた。逝去の報が伝わるや、指路教会では夫人を偲ぶ追悼会を開いた。一九〇六（明治三九）年三月四日、ヘボン夫人逝去。八八歳であった。指路教会では四月一日、日曜日午後二時より教会堂にて追悼会を行い、同日午後七時半、追悼演説会が開催された。三月二四日付の『指路』誌に「ヘボン博士夫人の訃音」と題し、大きく取り上げられた。彼女の愛唱聖句詩篇第九〇篇が朗読され、ミッション・スクールの生徒たちが讃美歌を合唱し、次々に牧師たちが夫人を偲んだ。アメリカに帰ったサムエルが住んでいた山手の庭に咲いた白木蓮の花が、会堂に飾られていた。S・R・ブラウンの娘ラウダーの優しい心づかいであった。

◆ヘボンの最晩年

夫人に先立たれたヘボンは、寂しい日々を送ったが、時々渡米する日本の友人が訪れて旧交を温めた。山本秀煌、井深梶之助、本多庸一、海老名弾正、毛利官治、高橋是清等の訪問に対し、温かく迎え、意気投合して昔を偲んだ。奥野昌綱の息子奥野武之助が急逝した時、遺骨を引き取り自分の墓の一角に埋葬し、石本三十郎がプリンストン大学に在学中客死した時も大学に赴いて葬式に出席、彼を悼んだ。一九〇〇（明治三三）年のこと、山本秀煌がオーバン神学校に留学したいとヘボンに相談した時、「明治学院神学部に一流の神学者インブリーがいるではないか」と、彼に就いて研鑽を積むことを勧めた。ヘボンは、在米の神学校に問い合せ山本に現状を知らせた。アメリカにおいて、大学院課程を受講するために要求することは高度であること、それに加えて旅費や宿泊費などがかなりの高額になる。娘を亡くし、夫人のさとが病んでいることを聞いているので、無理をせず留学は考えた方が良いというアドバイスであった。しかし、山本秀煌は留学して神学を極めたいとの思いが強く、指路教会の主任牧師を井深梶之助に託し、翌年オーバン神学校に留学したのであった。のち、一九〇七（明治四〇）年一二月一四日、妻さとを亡くしている。

一九〇五（明治三八）年三月一三日、ワシントンの日本大使館の高平大使から電報が届いた。ヘボンの九〇歳の誕生日に日本政府から勲三等旭日章を贈るとの知らせであった。日本の新聞に大きく報じられた。五月一五日、米国聖書協会は「日本語訳聖書の主たる翻訳者」として、ヘボンに感謝状を贈った。六月初め、日銀総裁、首相になった高橋是清がヘボンを訪れた。日露戦争の外債募集のため英米に奔走した際のことであった。「ミセス・ヘップバーンはおられないのですか。」クララは療養所にいる。是清がクララに世話になったのは、一一歳の頃であった。「私を可愛がって下さった」ことをヘボンに告げた。お土産にスープの缶詰をプレゼントした。その時、ヘボンは高橋に「誇る者は主を誇れ」と言った。日本の最高峰になっても、決して自分を誇ってはならないという言葉だった。さらに六月一四日、母校プリンストン大学の卒業式にあたり、大学からヘボンに法学博士の学位が授与された。ヘボンはクララを病院に見舞って知らせた。

一九〇九（明治四二）年一〇月二一日、指路教会においてヘボン来日五〇年を記念して演説会を持った。牧師毛利官治は、「我々は只過去の事跡を追懐するのでなく昔を偲んで其事業精神を学ぶと共に之を継続してさらに大なる将来を作くる」ようにすることが記念会の目的であると述べた。講演者で国会議員の島田三郎が講壇に上り、ヘボン、ブラウン、フルベッキが来日して以来、半世紀の間日本が政治的に宗教的に変遷を遂げてきたかを講演し、聴衆の関心をとらえた。ヘボンから牧師長老及び会員に祝電が贈られた。「余も老いて九五歳になり」、そこには愛する聖句が書かれていた。コリントの信徒への手紙一五章五八節、「主の業に励みなさい」という聖句が添えられていた。

最後まで日本を愛してやまなかったヘボンであったが、肉体の衰えは隠しようもなく、静かな眠りについた。一九一一（明治四四）年九月二一日、息を引き取った。享年九六。米国駐米大使内田康哉から外務省に「ヘボン博士、九月二一日死去せり」の電報が届いた。九月二三日、イースト・オレンジのブリック・チャーチに約三〇〇人の人たちが集まり、告別式が行われた。

埋葬の地ローズ・デール、バラの花咲く谷に葬列が進む中で、教会の鐘が九六回鳴り響いた。その亡骸は、夫人クララと幼子の所に納められた。一九一一年九月二八日、明治学院において追悼礼拝が執り行われた。教授会、キリスト教団体からの弔辞、ヘボン夫妻に教わった国会議員の服部綾雄がヘボン博士を偲ぶ弔辞を捧げた。時差はあったが、ヘボンが召されたのと同じ日にヘボン館が炎上、明治学院にとっても忘れることのできない不思議な出来事であった。

あとがき

ヘボンへの旅は終わった。ヘボンを知ったのは大学に入学した時であった。以来六〇年になろうとしている。一九六六年四月高谷道男教授のゼミに入り、同年一二月クリスマスにヘボンが創立した横浜指路教会の会員になり、ヘボンの虜になった。しかし、評伝を書くとは思わなかった。私は、キリスト教史学会と横浜プロテスタント史研究会に育てられたところがあった。この研究会では、現在代表を担っている。一九八一年九月高谷教授がタウンゼント・ハリスについて研究発表されて以来、毎月研究会を続け、この三月で四四一回を数える。この研究会によって研究領域が深まり前進した。ヘボンは、宣教師の中で一番人気があるのはなぜか。それは、たくさんの市民の命を救ったからに他ならない。この評伝は、トータルにヘボンがどのような人物であったかを追いかけたつもりである。本書を出版するにあたり、多くの方々にお世話になったが、一人一人の名前は控えさせて頂いた。ここに、執筆に際し参考にさせて頂いた著者の方々に感謝したい。同時に有隣堂出版部の方々に、御礼申し上げる次第である。

二〇二三年春、柏陽の自宅で

岡部一興

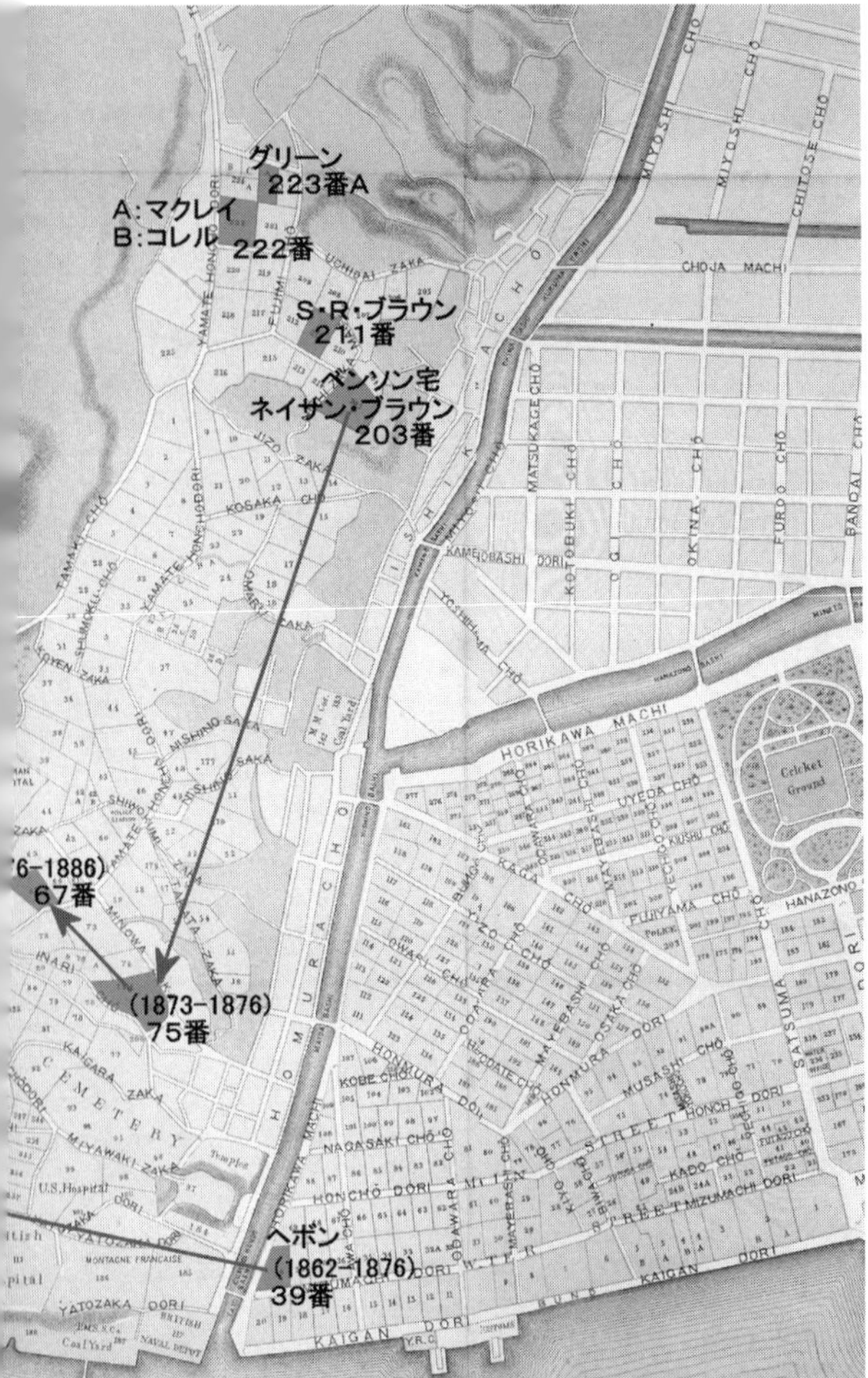

「地図上に、主な宣教師たちの居住地と居住期間を示した。なおヘボンの居住期間を 1876 － 1892 年としているが山手 245 番地の家を売却した明治 14（1881）年 3 月から、家を買い戻した明治 16（1883）年 5 月までの期間は、海外旅行ないし、息子サムエル邸（山手 238 番地）など、山手の他の場所に暮らしている。」地図解説文より

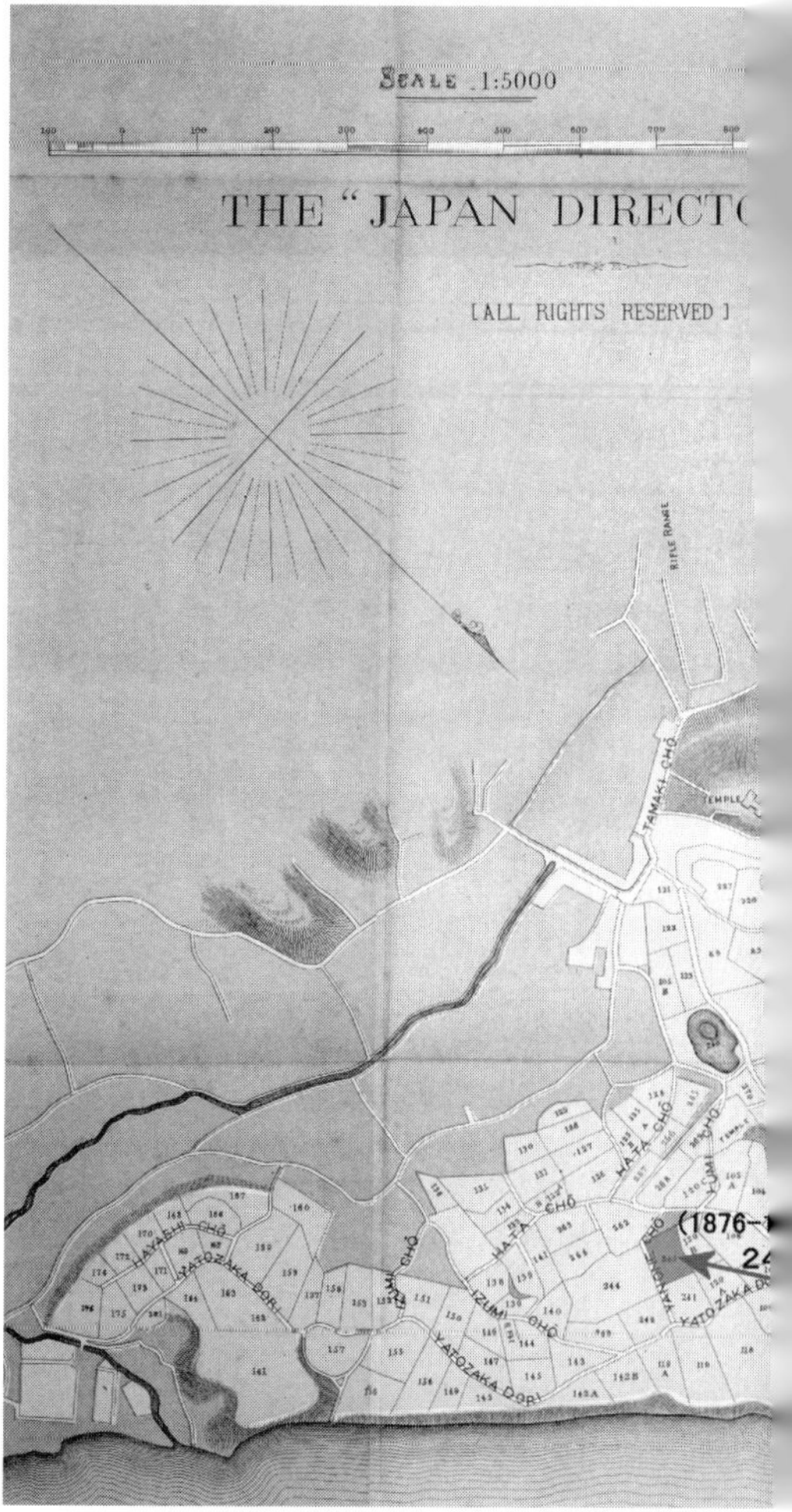

「横浜山手に住む宣教師たち」（部分）『宣教医ヘボン』（2013）
より（横浜開港資料館所蔵　作図）

【参考文献】（辞典など巻数が多いものや継続中のものは巻数・出版年を省略した場合がある）

（Ⅰ）第一次文献

1 岡部一興編、高谷道男・有地美子訳『ヘボン在日書簡全集』教文館、二〇〇九年

2 美國平文先生編譯『和英語林集成』明治学院二〇一三年、（一八六七年版の復刻版）J・C・ヘボン『和英語林集成』講談社学術文庫。代表的な研究書としては、この書の稿を覆刻し、解題を付けた形で出版したものに木村一・鈴木進編『J・C・ヘボン 和英語林集成 手稿 翻字・索引・解題』三省堂二〇一三年がある。また『和英語林集成』そのものの研究では、木村一『和英語林集成の研究』明治書院二〇一五年がある。

3 高谷道男編訳『ヘボン書簡集』岩波書店、一九五九年

4 高谷道男編訳『ヘボンの手紙』有隣新書、一九七六年

5 岡部一興編、有地美子訳『宣教師ルーミスと明治日本―横浜からの手紙』有隣堂、二〇〇〇年

6 高谷道男編訳『S・R・ブラウン書簡集 幕末明治初期宣教記録』日本基督教団出版部、一九六五年

7 中島耕二・辻直人・大西晴樹『長老・改革教会来日宣教師事典』新教出版社、二〇〇三年

8 イザベラ・バード、金坂清規訳注『完訳 日本奥地紀行1（横浜―日光―会津―越後）』平凡社、二〇一二年

9 イザベラ・バード、金坂清規訳『新訳 日本奥地紀行』平凡社、二〇一三年

10 Z, Yelle, Record of the Committee for the translation of the Bible into the Japanese Language「明治初年の新約委員会に関する新資料」『聖書翻訳研究』No.23 DEC.1985, 日本聖書協会

11 General Biographical Catalogue Auburn Theological Seminary 1818-1918 Auburn Seminary Press Auburn. N.Y.1918
12 ハリス、坂田精一訳『日本滞在記 上・中・下』岩波文庫、一九五三～五四年
13 木村一「解題『和英語林集成』初版ロンドン版改題」美國平文先生編譯『和英語林集成』、学校法人明治学院、二〇一三年
14 高橋是清、上塚司編『高橋是清自伝（上）（下）』中央公論社、二〇一八年
15 フェリス女学院資料室編『キダー公式書簡集』フェリス女学院、二〇〇七年
16 山口豊編『岸田吟香「呉淞日記」影印と翻刻』武蔵野書院、二〇一〇年
17 高谷道男編訳『フルベッキ書簡集』新教出版社、一九七八年
18 佐波亘篇『植村正久と其の時代』一巻～五巻、復刻再版、教文館、一九七六年
19 ジェームズ・バラ、飛田妙子訳『日本最初のプロテスタント教会を創ったジェームズ・バラの若き日の回想』キリスト新聞社、二〇一八年
20 クララ・ホイットニー、一又民子訳『クララの明治日記 上・下』講談社、一九七六年
21 『指路』一八九四年一〇月～一九四〇年一二月、復刻版、横浜指路教会、一九八七年
22 『日本キリスト教歴史人名事典』教文館、二〇二〇年
23 『国史大辞典』吉川弘文館、一九七九年
24 佐々木晃「ヘボンの中国伝道」（上・下）明治学院大学キリスト教研究所『紀要』第三〇号、第三一号
25 マーガレット・バラ、川久保とくお訳『古き日本の瞥見』有隣新書、一九九二年
26 中島耕二編・日本基督教団新栄教会 タムソン書簡集編集委員会訳『タムソン書簡集』教文館、二〇二二年
27 山本秀煌『日本基督教会史』日本基督教会事務所、一九二九年
28 拙稿「オーバン神学校に学んだ人々」『明治学院大学キリスト教研究所紀要』第四七号、二〇一五年

（Ⅱ）第二次文献

1 Clara Denison Loomis, Henry Loomis Friend of the East,Fleming H. Revell Company, 1923,N.Y.
2 REV.W.T.LINN KIFFER,D.D., A History of the First Presbyterian Church of Milton Pennsylvania By REV.T.LINN KIFFER, D. D.　1811—1936
3 John Quincy Adams, Librarian, A History of Auburn Theological Seminary 1818—1918,1919 Auburn Seminary Press Auburn.N.Y.
4 Sydney E, Ahlstrom, A Religious History of the American People, New Haven and London Yale University Press,1979
5 A. Barton Hepburn, His Life and Service to His Time By Joseph Bucklin Bishop.（New York: Charles Scribner's son's, 1923)
6 Chris Tabrabam , Bothwell Castle, Historic Scotland, Freepost, Edinburgh EH3 5RA,1994
7 William Elliot Griffis, D.D.,L.H.D.,Hepburn of Japan and His Wife and Helpmates A life story of Toil for Crist, The Westminster Press Philadelphia 1913
8 W・E・グリフィス、高谷道男監修、佐々木晃訳『ヘボン—同時代人の見た』教文館、一九九一年
9 W・E・グリフィス、渡辺省三訳『我に百の命あらば—中国・アメリカ・日本の教育にささげたS・R・ブラウンの生涯』、キリスト新聞社、一九八五年
10 高谷道男『ヘボン』吉川弘文館、一九八六年
11 中西道子『タウンゼンド・ハリスー教育と外交に掛けた生涯』有隣新書、一九九三年
12 岡部一興『横浜指路教会百二十五年史』通史篇、横浜指路教会百二十五年史編集委員会、二〇〇四年
13 中島耕二「ヘボン家の人々」『明治学院大学キリスト協研究所紀要』第四五号、二〇一二年

14 横浜プロテスタント史研究会編『横浜の女性宣教師たち—開港から戦後復興の足跡』有隣堂、二〇一八年
15 中島耕二「クララ・リートと『ヘボン塾』」『明治学院大学キリスト協研究所紀要』第四九号、二〇一七年
16 高谷道男『ドクトル・ヘボン』牧野書店、一九五四年
17 海老澤有道『日本の聖書』講談社文庫、一九八九年
18 小檜山ルイ『アメリカ婦人宣教師』東京大学出版局、一九九二年
19 望月洋子『ヘボンの生涯と日本語』新潮選書、一九八七年
20 曾根暁彦『アメリカ教会史』日本基督教団出版局、一九七四年
21 森本あんり『アメリカ・キリスト教史』新教出版社、二〇一三年
22 金　成恩『宣教と翻訳—漢字圏・キリスト教・日韓の近代』東京大学出版、二〇一三年
23 渡辺英男「ニューヨークにおけるヘボン」『明治学院大学キリスト教研究所紀要』第四五号、二〇一二年
24 司馬純詩「アジアが遠くにあった頃—ヘボンのアメリカ—」『明治学院大学キリスト教研究所　紀要』第四二号、二〇〇九年
25 拙稿「聖書和訳とヘボン」『明治学院大学キリスト教研究所紀要』第四八号、二〇一六年
26 拙稿「率直誠実に日本人をたてて—東洋の友ヘンリー・ルーミス」『外人墓地に眠る人びと—日本の土になった初代宣教師の働き』キリスト新聞社、一九八八年
27 「安藤劉太郎の耶蘇教探索報告書」、小澤三郎『幕末明治耶蘇教史研究』日本基督教団出版局、一九七三年
28 フェリス女学院『フェリス女学院一五〇年史　上巻』二〇二二年
29 鷲山弟三郎『明治学院五十年史』明治学院、一九二七年斎
30 学校法人明治学院『明治学院百年史』一九七七年
31 明治学院百五十年史編集委員会『明治学院百五十年史』二〇一三年

32 大西晴樹「書評 岡部一興編、高谷道男・有地美子訳『ヘボン在日書簡全集』」『キリスト教史学』六四号、キリスト教史学会、二〇一〇年
33 NHK第二放送：大西晴樹著『歴史再発見 カルチャーラジオ ヘボンさんと日本の開化』、二〇一四年
34 渋沢輝二郎『海舟とホイットニー ある外国人宣教師の記録』ティビーエス・ブリタニカ、一九八一年
35 村上文昭『ヘボン物語―明治文化の中のヘボン像』教文館、二〇〇三年
36 権田益美「ヘボンの子息サムエル―書簡を介してみる彼の生い立ちと横浜における文化活動」『KGU 比較文化論集 第一一号』関東学院大学人文学会比較文化学部会、二〇二〇年
37 原豊『ヘボン塾につらなる人々―高橋是清から藤原義江まで』暮らしの手帖社、二〇〇三年
38 岡部一興『山本秀煌とその時代―伝道者から教会史家へ』教文館、二〇一二年
39 斎藤多喜夫『横浜外国人墓地に眠る人びと―開港から関東大震災まで』有隣堂、二〇一二年
40 飯島啓二『ノックスとスコットランド宗教改革』日本基督教団出版局、一九七六年
41 石川潔『ドクトル・ヘボン関連年表 ヘボンの誕生からヘボンの葬儀・追悼会の日まで』泰成印刷株式会社、一九九九年
42 徳富蘇峰『近世日本国民史 維新への胎動（中）―生麦事件―』講談社学術文庫、一九九四年
43 吉村昭『生麦事件 上・下』新潮文庫、一九九八年
44 青山永久「吉村昭の文学と『生麦事件』」京浜歴史科学研究会編『近代京浜社会の形成―京浜歴史科学研究会創立二〇周年記念論集』岩田書院、二〇〇四年
45 佐々木潤之助・佐藤信・中島三千男・藤田覚・外園豊基・渡辺隆喜編『概論 日本歴史』吉川弘文館、二〇〇〇年
46 小西四郎『日本の歴史 第19』、中央公論社、一九六六年
47 金坂清則『イザベラ・バードと日本の旅』平凡社、二〇一四年

48 拙稿「日本におけるキリスト教受容の一考察―カトリック、ハリストス、プロテスタントの史的比較―」『相洋学窓』第一〇号、一九九二年

49 拙稿「明治キリスト教史における受容と変容」キリスト教史学会編『宣教師と日本人―明治キリスト教史における受容と変容』教文館、二〇一二年

50 茂住實男「横浜英学所（上）（中）（下）」『大倉山論集』第二十九輯～三十一輯、財団法人大倉精神文化研究所、一九九一年～一九九二年

51 井上篤夫『フルベッキ伝』国書刊行会、二〇二二年

52 竹本知行『大村益次郎―全国を以て一大刀と為す』ミネルヴァ書房、二〇二二年

53 中橋弘之『金谷カテッジイン物語―日光金谷ホテル誕生秘話』文藝春秋企画出版部、二〇一七年

54 『市政一〇〇周年 開港一三〇周年 図説横浜の歴史』横浜市市民局情報室広報センター

55 海老澤有道『維新変革期とキリスト教』新生社、一九六八年

56 都田恒太朗『ギュツラフとその周辺』教文館、一九七八年

57 相原良一『天保八年米船モリソン号渡来の研究』野人社、一九五四年

58 高木一雄『明治カトリック教会史研究上』キリシタン文化研究会 中央出版社、一九八〇年

59 春名徹『にっぽん音吉漂流記』晶文社、一九八〇年、三浦綾子『海嶺』（上・下）朝日新聞社、一九八一年

60 A・E・マクグラス、佐藤文男訳『プロテスタント思想文化史―一六世紀から二一世紀まで』教文館、二〇〇九年

61 横浜海岸教会一五〇年史編さん委員会『横浜海岸教会一五〇年史』、二〇二二年

62 拙稿「日本における長老教会の形成」『キリスト教史学』五六号、キリスト教史学会、二〇〇二年

【ヘボン略年譜】

一八一五（文化一二） 三月一三日、J・C・ヘボン、ペンシルヴェニア州ミルトンに生まれる。

一八三二（天保三） 秋、プリンストン大学卒業、文学士取得。同年ペンシルヴェニア大学医学部入学。

一八三六（天保七） ペンシルヴェニア大学医学部を卒業、医学博士の学位を受ける。

一八四〇（天保一一） 一〇月二七日、ノース・カロライナ州ファイエットヴィルでクララ・メリー・リートと結婚。

一八四一（天保一二） 三月一五日、ボストン港を出帆。船中、夫人男子を流産。七月、シンガポール入港。

一八四三（天保一四） 一〇月、厦門の鼓浪嶼島にて宣教医カミング博士と共に施療病院を開設。夫人健康を害し、幼児が死亡する。

一八四四（弘化元） 四月、サムエル・デビッド・ヘボン生まれる。一八四五年帰米。四六年三月ニューヨーク到着。

一八四六（弘化三） ニューヨーク市四二番街に病院を開業、経営一三年に及ぶ。この間に五歳、二歳、一歳の男子が相次いで病死。

一八五九（安政六） 一月一二日、北米長老教会ミッション本部がヘボンを日本に派遣することを決定。四月二四日、ヘボン夫妻はサンチョ・パンザ号にてニューヨークを出帆。ニューヨークの病院、邸宅、別荘を売却、一〇月一八日に上陸、成仏寺に住まう。

一八六一（文久元） 春、宗興寺に施療所を開設するが、九月に閉鎖。七月ヘボン夫人危禍と息子サムエルのことがあって帰米。

一八六二（文久二）　九月一四日、生麦事件の負傷者二名を本覚寺境内で手当する。一一月からヘボンは大村益次郎等、幕府の委託生を成仏寺で教える。

一八六三（文久三）　三月三〇日、ヘボン夫人アメリカより帰る。秋、夫人ヘボンが塾開校。

一八六四（元治元）　春、S・R・ブラウン、バラ、タムソン、ヘボン等、運上所一室で横浜英学所開設。

一八六五（慶応元）　春、息子サムエル横浜に来る。一〇月二七日、夫妻銀婚式。

一八六七（慶応三）　五月、ヘボン『和英語林集成』、『真理易知』刊行。一〇月、三代目澤村田之助の右足を手術、義足を作る。

一八七〇（明治三）　九月二一日、キダー、ヘボンの診療所で授業開始。日本初の女学校フェリス女学校創立。

一八七三（明治六）　ニューヨーク滞在中『和英語林集成』縮刷版小型（ローマ字と英語）出版。ヘボン訳『馬太伝福音書』横浜聖書協会から発行。

一八七四（明治七）　三月二五日、聖書翻訳委員会社中発足。ヘボン、S・R・ブラウン、D・C・グリーンの三人が訳業を進める。松山高吉、奥野昌綱、高橋五郎の三名が邦人助手となる。九月一三日、ヘボンの施療所で横浜第一長老公会創立（一八名）。

一八七八（明治一一）　ヘボン夫妻、ニューヨーク市四二番街の長老教会の教籍を日本基督一致住吉町教会に移す。

一八八〇（明治一三）　四月一九日、翻訳委員会社中、東京新栄橋教会にて完成祝賀感謝会を開催。

一八八二（明治一五）　旧約聖書翻訳委員改選でフルベッキ、グリーン、ヘボン、ファイソン等一二名が選ばれ、ヘボンが委員長に。

一八八五（明治一八）　八月、『和英語林集成』第三版完了。

一八八六（明治一九）　平文先生編著『和英語林集成』第三版の版権を丸善商社に譲り、一〇〇〇ドルを明治学院に寄付。

一八八七（明治二〇）　一二月三一日、日本語旧約聖書の翻訳完了。

一八八八（明治二一）　二月三日、東京築地新栄教会にて聖書翻訳事業完成祝賀会。

一八九〇（明治二三）　八月、山本秀煌と『聖書辞典』編纂に従事（九二年刊行）。一〇月二七日、ヘボン夫妻の金婚式。

一八九一（明治二四）　一〇月一三日、明治学院総理を辞す。井深梶之助後任となる。

一八九二（明治二五）　一月一六日、指路教会献堂式。一〇月、ヘボン夫妻の送別会（指路教会、明治学院）。一〇月二二日、帰米。

一八九三（明治二六）　四月までパサデナで静養。五月、ニュー・ジャージー州イースト・オレンジに隠退。

一九一一（明治四四）　九月二一日午前五時永眠、九六歳。同日早朝明治学院のヘボン館焼失。

ヘボン伝――和英辞典・聖書翻訳・西洋医学の父

二〇二三年（令和五）九月七日　初版第一刷発行

著者　岡部一興

発行者――松信　健太郎
発行所――株式会社　有隣堂
本　社　横浜市中区伊勢佐木町一―四―一　郵便番号二三一―八六二三
出版部　横浜市戸塚区品濃町八八一―一六　郵便番号二四四―八五八五
電話〇四五―八二五―五五六三
印刷――株式会社堀内印刷所

ISBN978-4-89660-243-2 C0221

デザイン原案＝村上善男

有隣新書刊行のことば

国土がせまく人口の多いわが国においては、近来、交通、情報伝達手段がめざましく発達したためもあって、地方の人々の中央志向の傾向がますます強まっている。その結果、特色ある地方文化は、急速に浸蝕され、文化の均質化がいちじるしく進みつつある。その及ぶところ、生活意識、生活様式のみにとどまらず、政治、経済、社会、文化などのすべての分野で中央集権化が進み、生活の基盤であるはずの地域社会における連帯感が日に日に薄れ、孤独感が深まって行く。われわれは、このような状況のもとでこそ、社会の基礎的単位であるコミュニティの果たすべき役割を再認識するとともに、豊かで多様性に富む地方文化の維持発展に努めたいと思う。

古来の相模、武蔵の地を占める神奈川県は、中世にあっては、鎌倉が幕府政治の中心地となり、近代においては、横浜が開港場として西洋文化の窓口となるなど、日本史の流れの中でかずかずのスポットライトを浴びた。

有隣新書は、これらの個々の歴史的事象や、人間と自然とのかかわり合い、ときには、現代の地域社会が直面しつつある諸問題をとりあげながらも、広く全国的視野、普遍的観点から、時流におもねることなく地道に考え直し、人知の新しい地平線を望もうとする読者に日々の糧を贈ることを目的として企画された。

古人も言った、「徳は孤ならず必ず隣有り」と。有隣堂の社名は、この聖賢の言葉に由来する。われわれは、著者と読者の間に新しい知的チャンネルの生まれることを信じて、この辞句を冠した新書を刊行する。

一九七六年七月十日　　有隣堂